پطرس کے مضامین

پطرس بخاری

فہرست

اس کتاب کے بارے میں

یہ ای بُک ہر کوئی، ہر جگہ، بلا معاوضہ اور تقریباً بلا کسی قید یا شرائط کے استعمال کر سکتا ہے۔ آپ اسے نقل کر سکتے ہیں، تقسیم کر سکتے ہیں یا پھر جی این یو آزاد دستاویزی اجازت نامے کے تحت دوبارہ استعمال کر سکتے ہیں جو کہ اس ای بُک کے ساتھ شامل ہے۔

نام کتاب: پطرس کے مضامین

مصنف: پطرس بخاری

ای بُک: نعمان یعقوب ، مہوش علی، اعجاز عبید

تاریخ اشاعت: مارچ 28 ، سن 2006

زبان: اردو

کیریکٹر سیٹ اینکوڈنگ: یونیکوڈutf-8

ہاسٹل میں پڑنا

ہم نے کالج میں تعلیم تو ضرور پائی اور رفتہ رفتہ بی اے بھی پاس کر لیا، لیکن اس نصف صدی کے دوران میں جو کالج میں گزارنی پڑی۔ ہاسٹل میں داخل ہونے کی اجازت ہمیں صرف ایک ہی دفعہ ملی۔

خدا کا یہ فضل ہم پر کب اور کس طرح ہوا؟ یہ سوال ایک داستان کا محتاج ہے۔ جب ہم نے انٹرنس پاس کیا تو مقامی ا سکول کے ہیڈ ماسٹر صاحب خاص طور پر مبارکباد دینے کے لیے آئے۔ قریبی رشتہ داروں نے دعوتیں دیں۔ محلے والوں میں مٹھائی بانٹی گئی اور ہمارے گھر والوں پر یک لخت اس بات کا انکشاف ہوا کہ وہ لڑکا جسے آج تک اپنی کوتاہ بینی کی وجہ سے ایک بےکار اور نالائق فرزند سمجھتے رہے تھے، دراصل لامحدود قابلیتوں کا مالک ہے۔ جس کی نشوونما پر بےشمار آنے والی نسلوں کی بہبودی کا انحصار ہے۔ چنانچہ ہماری آئندہ زندگی کے متعلق طرح طرح کی تجویزوں پر غور کیا جانے لگا۔

تھرڈ ڈویژن میں پاس ہونے کی وجہ سے یونیورسٹی نے ہم کو وظیفہ دینا مناسب نہ سمجھا۔ چونکہ ہمارے خاندان نے خدا کے فضل سے آج تک کبھی کسی کے سامنے ہاتھ نہیں پھیلایا اس لیےوظیفے کا نہ ملنا خصوصاً ان رشتہ داروں کے لیے جو رشتے کے لحاظ سے خاندان کے مضافات میں بستے تھے، فخر و مباہات کا باعث بن گیا۔ اور "مرکزی رشتے داروں" نے تو اس کو پاس وضع اور حفظ مراتب سمجھ کر ممتحنوں کی شرافت و نجابت کو بے انتہا سراہا۔ بہرحال

ہمارے خاندان میں فالتو روپے کی بہتات تھی۔ اس لیے بلا تکلف یہ فیصلہ کر لیا گیا کہ نہ صرف ہماری بلکہ ملک و قوم اور شاید بنی نوع انسان کی بہتری کے لیے یہ ضروری ہے کہ ایسے ہونہار طالب علم کی تعلیم جاری رکھی جائے۔

اس بارے میں ہم سے بھی مشورہ کیا گیا۔ عمر بھر میں اس سے پہلے ہمارے کسی معاملے میں ہم سے رائے طلب نہ کی گئی تھی لیکن اب تو حالات بہت مختلف تھے۔ اب تو ایک غیرجانبدار اور ایماندار مصنف یعنی یونیورسٹی ہماری بیدار مغزی کی تصدیق کر چکی تھی۔ اب بھلا ہمیں کیونکہ نظرانداز کیا جا سکتا تھا۔ ہمارا مشورہ یہ تھا کہ ہمیں فوراً ولایت بھیج دیا جائے۔ ہم نے مختلف لیڈروں کی تقریروں سے یہ ثابت کیا کہ ہندوستان کا طریقہ تعلیم بہت ناقص ہے۔
اخبارات میں سے اشتہار دکھا دکھا کر یہ واضح کیا کہ ولایت میں کالج کی تعلیم کے ساتھ ساتھ فرصت کے اوقات میں بہت تھوڑی تھوڑی فیسیں دے کر بیک وقت جرنلزم، فوٹو گرافی، تصنیف و تالیف، دندان سازی، عینک سازی، ایجنٹوں کا کام غرض یہ کہ بےشمار مفید اور کم خرچ بالا نشیں پیشے سیکھے جا سکتے ہیں۔ اور تھوڑے عرصے کے اندر انسان ہر فن مولا بن سکتا ہے۔

لیکن ہماری تجویز کو فوراً رد کر دیا گیا۔ کیونکہ ولایت بھیجنے کے لیے ہمارے شہر میں کوئی روایات موجود نہ تھیں۔ ہمارے گرد و نواح میں کسی کا لڑکا ابھی تک ولایت نہ گیا تھا اس لئے ہمارے شہر کی پبلک وہاں کے حالات سے قطعاً ناواقف تھی۔

اس کے بعد پھر ہم سے رائے طلب نہ کی گئی اور ہمارے والد، ہیڈ ماسٹر صاحب اور تحصیلدار صاحب ان تینوں نے مل کر یہ فیصلہ کیا کہ ہمیں لاہور بھیج دیا جائے۔

جب ہم نے یہ خبر سنی تو شروع شروع میں ہمیں سخت مایوسی ہوئی۔ لیکن جب ادھر اُدھر کے لوگوں سے لاہور کے حالات سنے تو معلوم ہوا کہ لندن اور لاہور میں چنداں فرق نہیں۔ بعض واقف کار دوستوں نے سینما کے حالات پر روشنی ڈالی۔ بعض نے تھیٹروں کے مقاصد سے آگاہ کیا۔ بعض نے ٹھنڈی سڑک وغیرہ کے مشاغل کو سلجھا کر سمجھایا۔ بعض نے شاہدرے اور شالامار کی ارمان انگیز فضا کا نقشہ کھینچا۔ چنانچہ جب لاہور کا جغرافیہ پوری طرح ہمارے ذہن نشین ہو گیا تو ثابت یہ ہوا کہ خوشگوار مقام ہے۔ اور اعلیٰ درجے کی تعلیم حاصل کرنے کے لیے بے حد موزوں۔ اس پر ہم نے اپنی زندگی کا پروگرام وضع کرنا شروع کر دیا۔ جس میں لکھنے پڑھنے کو جگہ تو ضرور دی گئی، لیکن ایک مناسب حد تک، تاکہ طبعیت پر کوئی ناجائز بوجھ نہ پڑے۔ اور فطرت اپنا کام حسن و خوبی کے ساتھ کر سکے۔

لیکن تحصیلدار صاحب اور ہیڈ ماسٹر صاحب کی نیک نیتی یہیں تک محدود نہ رہی۔ اگر وہ ایک عام اور مجمل سا مشورہ دے دیتے کہ لڑکے کو لاہور بھیج دیا جائے تو بہت خوب تھا۔ لیکن انہوں نے تو تفصیلات میں دخل دینا شروع کر دیا۔ اور ہاسٹل کی زندگی اور گھر کی زندگی کا مقابلہ کر کے ہمارے والد پر یہ ثابت کر دیا کہ گھر پاکیزگی اور طہارت کا ایک کعبہ اور ہاسٹل گناہ و معصیت کا ایک دوزخ ہے۔ ایک تو تھے وہ چرب زبان، اس پر انہوں نے بےشمار غلط بیانیوں سے کام لیا۔ چنانچہ گھر والوں کو یقین سا ہو گیا کہ کالج کا ہاسٹل جرائم پیشہ اقوام کی ایک بستی ہے۔ اور جو طلباء باہر کے شہروں

سے لاہور جاتے ہیں اگر ان کی پوری طرح نگہداشت نہ کی جائے تو وہ اکثر یا تو شراب کے نشے میں چوُر سڑک کے کنارے کسی نالی میں گرے ہوئے پائے جاتے ہیں۔ یا کسی جوئے خانہ میں ہزارہا روپے ہار کر خودکشی کر لیتے ہیں یا پھر فرسٹ ائیر کا امتحان پاس کرنے سے پہلے دس بارہ شادیاں کر بیٹھے ہیں۔

چنانچہ گھر والوں کو یہ سوچنے کی عادت پڑ گئی کہ لڑکے کو کالج میں تو داخل کیا جائے لیکن ہاسٹل میں نہ رکھا جائے۔ کالج ضرور مگر ہاسٹل ہرگز نہیں۔ کالج مفید۔ مگر ہاسٹل مضر۔ وہ بہت ٹھیک مگر یہ ناممکن۔ جب انہوں نے اپنی زندگی کا نصب العین ہی یہ بنا لیا کہ کوئی ایسی ترکیب سوچی جائے جس سے لڑکا ہاسٹل کی زد سے محفوظ رہے تو کسی ترکیب کا سوجھ جانا کیا مشکل تھا۔ ضرورت ایجاد کی ماں ہے۔ چنانچہ از حد غور و خوض کے بعد لاہور میں ہمارے ایک ماموں دریافت کئے گئے۔ اور ان کو ہمارا سرپرست بنا دیا گیا۔ میرے دل میں ان کی عزت پیدا کرنے کے لیے بہت سے شجروں کی ورق گردانی سے مجھ پر یہ ثابت کیا کہ وہ واقعی میرے ماموں ہیں۔ مجھے بتایا گیا کہ جب میں ایک شیرخوار بچہ تھا تو وہ مجھ سے بے انتہا محبت کیا کرتے تھے۔ چنانچہ فیصلہ یہ ہوا کہ ہم پڑھیں کالج میں رہیں ماموں کے گھر۔

اس سے تحصیل علم کا جو ایک ولولہ سا ہمارے دل میں اُٹھ رہا تھا وہ کچھ بیٹھ سا گیا۔ ہم نے سوچا یہ ماموں لوگ اپنی سرپرستی کے زعم میں والدین سے بھی زیادہ احتیاط برتیں گے جس کا نتیجہ یہ ہو گا کہ ہمارے دماغی اور روحانی قویٰ کو پھلنے پھولنے کا موقع نہ ملے گا۔ اور تعلیم کا اصلی مقصد فوت ہو جائے گا۔ چنانچہ وہی ہوا جس کا ہمیں خوف تھا۔ ہم

روزبروز مرجھاتے چلے گئے۔ اور ہمارے دماغ پر پھپھوندی سی جمنے لگی۔ سینما جانے کی اجازت کبھی کبھار مل جاتی تھی لیکن اس شرط پر کہ بچوں کو بھی ساتھ لیتا جاؤں۔ اس صحبت میں، میں بھلا سینما سے کیا اخذ کر سکتا تھا۔ تھیٹر کے معاملے میں ہماری معلومات اندر سبھا سے آگے بڑھنے نہ پائیں۔ تیرنا ہمیں نہ آیا کیونکہ ہمارے ماموں کا ایک مشہور قول ہے کہ ڈوبتا وہی ہے جو تیراک ہو جسے تیرنا نہ آتا ہو وہ پانی میں گھستا ہی نہیں۔ گھر پر آنے جانے والے دوستوں کا انتخاب ماموں کے ہاتھ میں تھا۔ کوٹ کتنا لمبا پہنا جائے، اور بال کتنے لمبے رکھے جائیں۔ ان کے متعلق ہدایات بہت کڑی تھیں۔ ہفتے میں دو بار گھر خط لکھنا ضروری تھا۔ سگریٹ غسل خانے میں چھپ کر پیتے تھے۔ گانے بجانے کی سخت ممانعت تھی۔

یہ سپاہیانہ زندگی ہمیں راس نہ آئی۔ یوں تو دوستوں سے ملاقات بھی ہو جاتی تھی۔ سیر کو بھی چلے جاتے تھے۔ ہنس بول بھی لیتے تھے لیکن وہ جو زندگی میں ایک آزادی ایک فراخی، ایک وارفتگی ہونی چاہئے وہ ہمیں نصیب نہ ہوئی۔ رفتہ رفتہ ہم اپنے ماحول پر غور کرنا شروع کیا کہ ماموں جان عموماً کس وقت گھر میں ہوتے ہیں، کس وقت باہر جاتے ہیں، کس کمرے سے کس کمرے تک گانے کی آواز نہیں پہنچ سکتی، کس دروازے سے کمرے کے کس کونے میں جھانکنا ممکن ہے۔ گھر کا کون سا دروازہ رات کے وقت باہر سے کھولا جا سکتا ہے، کون سا ملازم موافق ہے، کون سا نمک حلال ہے۔ جب تجربے اور مطالعے سے ان باتوں کا اچھی طرح اندازہ ہو گیا تو ہم نے اس زندگی میں بھی نشوونما کے لیے چند گنجائشیں پیدا کر لیں۔ لیکن پھر بھی ہم روز دیکھتے تھے کہ ہاسٹل میں رہنے والے طلباء کس طرح اپنے پاؤں پر

کھڑے ہو کر زندگی کی شاہراہ پر چل رہے ہیں۔ ہم ان کی زندگی پر رشک کرنے لگے۔ اپنی زندگی کو سدھارنے کی خواہش ہمارے دل میں روزبروز بڑھتی گئی۔ ہم نے دل سے کہا والدین کی نافرمانی کسی مذہب میں جائز نہیں۔ لیکن ان کی خدمت میں درخواست کرنا، ان کے سامنے اپنی ناقص رائے کا اظہار کرنا، ان کو صحیح واقعات سے آگاہ کرنا میرا فرض ہے۔ اور دنیا کی کوئی طاقت مجھے اپنے فرض کی ادائیگی سے باز نہیں رکھ سکتی۔

چنانچہ جب گرمیوں کی تعطیلات میں، میں وطن کو واپس گیا تو چند مختصر مگر جامع اور مؤثر تقریریں اپنے دماغ میں تیار رکھیں۔ گھر والوں کو ہاسٹل پر سب سے بڑا اعتراض یہ تھا کہ وہاں کی آزادی نوجوانوں کے لیے از حد مضر ہوتی ہے۔ اس غلط فہمی کو دور کرنے کے لیے ہزارہا واقعات ایسے تصنیف کئے جن سے ہاسٹل کے قواعد کی سختی ان پر اچھی طرح روشن ہو جائے۔ سپرنٹنڈنٹ صاحب کے ظلم و تشدد کی چند مثالیں رقت انگیز اور ہیبت خیز پیرائے میں سنائیں۔ آنکھیں بند کر کے ایک آہ بھری اور بیچارے اشفاق کا واقعہ بیان کیا کہ ایک دن شام کے وقت بیچارا ہاسٹل کو واپس آ رہا تھا۔ چلتے چلتے پاؤں میں موچ آ گئی۔ دو منٹ دیر سے پہنچا۔ صرف دو منٹ۔ بس صاحب اس پر سپرنٹنڈنٹ صاحب نے فوراً تار دے کر اس کے والد کو بلوایا۔ پولیس سے تحقیقات کرنے کو کہا۔ اور مہینے بھر کے لیے اس کا جیب خرچ بند کروا دیا۔ توبہ ہے الٰہی!

لیکن یہ واقعہ سن کر گھر کے لوگ سپرنٹنڈنٹ صاحب کے مخالف ہو گئے۔ ہاسٹل کی خوبی ان پر واضح نہ ہوئی۔ پھر ایک دن موقع پا کر بیچارے محمود کا واقعہ بیان کیا کہ ایک دفعہ شامت اعمال بیچارا سینما دیکھنے چلا گیا۔ قصور اس

سے یہ ہوا کہ ایک روپے والے درجے میں جانے کی بجائے دو روپے والے درجے میں چلا گیا۔ بس اتنی سی فضول خرچی پر اسے عمر بھر کو سینما جانے کی ممانعت ہو گئی ہے۔

لیکن اس سے بھی گھر والے متاثر نہ ہوئے۔ ان کے روئے سے مجھے فوراً احساس ہوا کہ ایک روپے اور دو روپے کی بجائے آٹھ آنے اور ایک روپیہ کہنا چاہئے تھا۔

ان ہی ناکام کوششوں میں تعطیلات گزر گئیں اور ہم نے پھر ماموں کی چوکھٹ پر آ کر سجدہ کیا۔

اگلی گرمیوں میں جب ہم پھر گھر گئے تو ہم نے ایک نیا ڈھنگ اختیار کیا۔ دو سال تعلیم پانے کے بعد ہمارے خیالات میں پختگی سی آ گئی تھی پچھلے سال ہاسٹل کی حمایت میں جو دلائل ہم نے پیش کی تھیں، وہ اب ہمیں نہایت بودی معلوم ہونے لگی تھیں۔ اب کے ہم نے اس موضوع پر ایک لیکچر دیا کہ جو شخص ہاسٹل کی زندگی سے محروم ہو اس کی شخصیت نامکمل رہ جاتی ہے۔ ہاسٹل سے باہر شخصیت پنپنے نہیں پاتی۔ چند دن تو ہم اس پر فلسفیانہ گفتگو کرتے رہے۔ اور نفسیات کے نقطہ نظر سے اس پر بہت کچھ روشنی ڈالی۔ لیکن ہمیں محسوس ہوا کہ بغیر مثالوں کے کام نہ چلے گا۔ اور جب مثالیں دینے کی نوبت آئی، تو ذرا وقت محسوس ہوئی۔ کالج کے جن طلبا کے متعلق میرا ایمان تھا کہ وہ زبردست شخصیتوں کے مالک ہیں، ان کی زندگی کچھ ایسی نہ تھی کہ والدین کے سامنے بطور نمونے کے پیش کی جا سکے۔ ہر وہ شخص جسے کالج میں تعلیم حاصل کرنے کا موقع ملا ہے، جانتا ہے کہ "والدینی اغراض" کے لیے واقعات کو ایک نئے اور اچھوتے پیرائے میں بیان کرنے کی ضرورت پیش آتی

ہے لیکن اس پیرائے کا سوجھ جانا الہام اور اتفاق پر منحصر ہے۔ بعض روشن خیال بیٹے اپنے والدین کو اپنے حیرت انگیز اوصاف کا قائل نہیں کر سکتے اور بعض نالائق سے نالائق طالب علم والدین کو کچھ اس طرح مطمئن کر دیتے ہیں کہ ہر ہفتے ان کے نام منی آرڈر چلا آتا ہے۔

بناداں آں چناں روزی رساند

کہ دانا اندراں حیراں بماند

جب ہم ڈیڑھ مہینے تک شخصیت اور ہاسٹل کی زندگی پر اس کا انحصار، ان پر مضمونوں پر وقتاًفوقتاً اپنے خیالات کا اظہار کرتے رہے تو ایک والد نے پوچھا:

"تمہارا شخصیت سے آخر مطلب کیا ہے؟"

میں تو خدا سے یہی چاہتا تھا کہ وہ مجھے عرض و معروض کا موقع دیں۔ میں نے کہا۔ 'دیکھئے نا۔ مثلاً ایک طالب علم ہے، وہ کالج میں پڑھتا ہے۔ اب ایک تو اس کا دماغ ہے دوسرا اس کا جسم ہے۔ جسم کی صحت بھی ضروری ہے۔ اور دماغ کی صحت تو ضروری ہے ہی۔ لیکن ان کے علاوہ ایک اور بات بھی ہوتی ہے جس سے آدمی کو پہچانا جاتا ہے۔ میں اس کو شخصیت کہتا ہوں۔ اس کا تعلق نہ جسم سے ہوتا ہے نہ دماغ سے، ہو سکتا ہے کہ ایک آدمی کی جسمانی صحت بالکل خراب ہو اور اس کا دماغ بھی بالکل بیکار ہو، لیکن پھر بھی اس کی شخصیت... نہ خیر دماغ تو بیکار نہیں ہونا چاہئے ورنہ انسان خبطی ہوتا ہے لیکن پھر بھی اگر ہو بھی۔ تو بھی... گویا شخصیت ایک ایسی چیز ہے... ٹھہرئیے، میں ابھی ایک منٹ میں آپ کو بتاتا ہوں۔"

ایک منٹ کی بجائے والد نے مجھے آدھ گھنٹے کی مہلت دی جس کے دوران میں وہ خاموشی کے ساتھ میرے جواب کا انتظار کرتے رہے، اس کے بعد وہاں سے اُٹھ کر چلا آیا۔

تین چار دن کے بعد مجھے اپنی غلطی کا احساس ہوا، مجھے شخصیت نہیں سیرت کہنا چاہئے۔ شخصیت ایک بے رنگ سا لفظ ہے۔ سیرت کے لفظ سے نیکی ٹپکتی ہے۔ چنانچہ میں نے سیرت کو اپنا تکیہ کلام بنا لیا۔ لیکن یہ بھی مفید ثابت نہ ہوا۔ والد کہنے لگے۔ "کیا سیرت سے تمہارا مطلب چال چلن ہے یا کچھ اور؟" میں نے کہا "چال چلن کہہ لیجئے۔"

"تو گویا دماغی اور جسمانی صحت کے علاوہ چال چلن بھی اچھا ہونا چاہئے۔"

میں نے کہا۔ "بس یہی تو میرا مطلب ہے۔"

"اور یہ چال چلن ہاسٹل میں رہنے سے بہت اچھا ہو جاتا ہے"!

میں نسبتاً نحیف آواز سے کہا۔ "جی ہاں۔"

"یعنی ہاسٹل میں رہنے والے طالب علم نماز، روزے کے زیادہ پابند ہوتے ہیں، ملک کی زیادہ خدمت کرتے ہیں ، سچ زیادہ بولتے ہیں، نیک زیادہ ہوتے ہیں۔"

میں نے کہا۔ "جی ہاں"۔

کہنے لگے۔ "وہ کیوں؟"

اس سوال کا جواب ایک دفعہ پرنسپل صاحب نے تقسیم انعامات کے جلسے میں نہایت وضاحت کے ساتھ بیان کیا تھا، اے کاش میں نے اس وقت توجہ سے سنا ہوتا!

اس کے بعد پھر سال بھر میں ماموں کے گھر میں "زندگی ہے تو خزاں کے بھی گزر جائیں کے دن۔" گاتا رہا۔

ہر سال میری درخواست کا یہی حشر ہوتا رہا لیکن میں نے ہمت نہ ہاری۔ ہر سال ناکامی کا منہ دیکھنا پڑا۔ لیکن اگلے سال گرمی کی چھٹیوں میں پہلے سے بھی زیادہ شدومد کے ساتھ تبلیغ کا کام جاری رکھتا۔ ہر دفعہ نئی نئی دلیلیں پیش کرتا، نئی نئی مثالیں کام میں لاتا۔ جب شخصیت اور سیرت والے مضمون سے کام نہ چلا تو اگلے سال ہاسٹل کی زندگی کے انضباط اور باقاعدگی پر تبصرہ کیا۔ اس سے اگلے سال یہ دلیل پیش کی کہ ہاسٹل میں رہنے سے پروفیسروں کے ساتھ ملنے جلنے کے موقعے زیادہ ملتے رہتے ہیں۔ اور ان "بیرون از کالج" ملاقاتوں سے انسان پارس ہو جاتا ہے۔ اس سے اگلے سال یہ مطلب یوں ادا کیا کہ ہاسٹل کی آب و ہوا بڑی اچھی ہوتی ہے۔ صفائی کا خاص طور پر خیال رکھا جاتا ہے۔ مکھیاں اور مچھر مارنے کے لیے کئی کئی افسر مقرر ہیں۔ اس سے اگلے سال یوں سخن پیرا ہوا کہ جب بڑے بڑے حکام کالج کا معائنہ کرتے آتے ہیں تو ہاسٹل میں رہنے والے طلباء سے فرداً فرداً ہاتھ ملاتے ہیں، اس سے رسوخ بڑھتا ہے لیکن جوں جوں زمانہ گزرتا گیا، میری تقریروں میں جوش بڑھتا گیا، معقولیت کم ہوتی گئی۔ شروع شروع میں ہاسٹل کے مسئلے پر والد مجھ سے باقاعدہ بحث کیا کرتے تھے۔ کچھ عرصے کے بعد انہوں نے یک لفظی انکار کا رویہ اختیار کیا۔ پھر ایک آدھ سال مجھے ہنس کے ٹالتے رہے۔ اور آخر میں یہ نوبت آن پہنچی کہ وہ ہاسٹل کا نام سنتے ہی طنز آمیز قہقہے کے ساتھ مجھے تشریف لے جانے کا حکم دے دیا کرتے تھے۔

ان کے اس سلوک سے آپ یہ اندازہ نہ لگائیے کہ ان کی شفقت کچھ کم ہو گئی تھی، ہر گز نہیں حقیقت صرف اتنی ہے کہ

بعض ناگوار حادثات کی وجہ سے گھر میں میرا اقتدار کچھ کم ہو گیا تھا۔

اتفاق یہ ہوا کہ میں نے جب پہلی مرتبہ بی۔اے کا امتحان دیا، تو فیل ہو گیا۔ اگلے سال ایک مرتبہ پھر یہی واقعہ پیش آیا۔ اس کے بعد بھی جب تین چار دفعہ یہی قصہ ہوا تو گھر والوں نے میری امنگوں میں دلچسپی لینی چھوڑ دی۔ بی۔اے میں پے در پے فیل ہونے کی وجہ سے میری گفتگو میں ایک سوز تو ضرور آگیا تھا، لیکن کلام میں وہ پہلے جیسی شوکت اور میری رائے وہ پہلی جیسی وقعت اب نہ رہی تھی۔

میں زمانۂ طالب علمی کے اس دور کا حال ذرا تفصیل سے بیان کرنا چاہتا ہوں۔ کیونکہ اس سے ایک تو آپ میری زندگی کے نشیب و فراز سے اچھی طرح واقف ہو جائیں گے اور اس کے علاوہ اس سے یونیورسٹی کی بعض بے قاعدگیوں کا راز بھی آپ پر آشکار ہو جائے گا۔

میں پہلے سال بی۔اے میں کیوں فیل ہوا؟ اس کا سمجھنا بہت آسان ہے۔ بات یہ ہوئی کہ جب ہم نے ایف۔اے کا امتحان دیا تو چونکہ ہم نے کام خوب دل لگا کر کیا تھا، اس لیے ہم اس میں "کچھ" پاس ہی ہو گئے۔ بہرحال فیل نہ ہوئے، یونیورسٹی نے یوں تو ہمارا ذکر بڑے اچھے الفاظ میں کیا لیکن ریاضی کے متعلق یہ ارشاد ہوا کہ صرف اس مضمون کا امتحان ایک آدھ دفعہ پھر دے ڈالو۔ (ایسے امتحان کو اصطلاحاً کمپارٹمنٹ کا امتحان کہا جاتا ہے۔ شاید اس لیے کہ بغیر رضامندی اپنے ہمراہی مسافروں کے اگر کوئی اس میں سفر کر رہے ہوں، نقل نویسی کی سخت ممانعت ہے۔)

اب جب ہم بی۔اے میں داخل ہونے لگے تو ہم نے یہ سوچا کہ بی۔اے میں ریاضی لیں گے۔ اس طرح سے کمپارٹمنٹ کے

امتحان کے لیے فالتو کام نہ کرنا پڑے گا۔ لیکن ہمیں سب لوگوں نے یہ مشورہ دیا کہ تم ریاضی مت لو۔ جب ہم نے اس کی وجہ پوچھی تو کسی نے ہمیں کوئی معقول جواب نہ دیا لیکن جب پرنسپل صاحب نے بھی مشورہ دیا تو ہم رضامند ہو گئے۔ چنانچہ بی۔اے میں ہمارے مضامین انگریزی، تاریخ اور فارسی قرار پائے۔ ساتھ ساتھ ہم ریاضی کے امتحان کی بھی تیاری کرتے رہے۔ گویا ہم تین کی بجائے چار مضمون پڑھ رہے تھے۔ اس طرح سے جو صورت حال پیدا ہوئی اس کا اندازہ وہی لوگ لگا سکتے ہیں جنہیں یونیورسٹی کے امتحانات کا کافی تجربہ ہے۔ ہماری قوت مطالعہ منتشر ہو گئی اور خیالات میں پراگندگی پیدا ہوئی۔ اگر مجھے چار کی بجائے صرف تین مضامین پڑھنے ہوتے تو جو وقت میں فی الحال چوتھے مضمون کو دے رہا تھا۔ وہ بانٹ کر ان تین مضامین کو دیتا۔ آپ یقین مانئے اس سے بڑا فرق پڑ جاتا اور فرض کیا اگر میں وہ وقت تینوں کو بانٹ کر نہ دیتا بلکہ سب کا سب ان تینوں میں سے کسی ایک مضمون کے لیے وقف کر دیتا تو کم از کم اس مضمون میں تو ضرور پاس ہو جاتا۔ لیکن موجودہ حالات میں تو وہی ہونا لازم تھا جو ہوا۔ یعنی یہ کہ میں کسی مضمون پر بھی کماحقہٗ توجہ نہ کر سکا۔ کمپارٹمنٹ کے امتحان میں تو پاس ہو گیا لیکن بی۔اے میں ایک تو انگریزی میں فیل ہوا۔ وہ تو ہونا ہی تھا کیونکہ انگریزی ہماری مادری زبان نہیں۔ اس کے علاوہ تاریخ اور فارسی میں بھی فیل ہو گیا۔ اب آپ ہی سوچئے ناکہ جو وقت مجھے کمپارٹمنٹ کے امتحان پر صرف کرنا پڑا وہ اگر میں وہاں صرف نہ کرتا بلکہ اس کے بجائے... مگر خیر یہ بات میں پہلے عرض کر چکا ہوں۔

فارسی میں کسی ایسے شخص کا فیل ہونا جو ایک علم دوست خاندان سے تعلق رکھتا ہو لوگوں کے لیے از حد حیرت کا موجب ہوا۔ اور سچ پوچھئے تو ہمیں بھی اس پر سخت ندامت ہوئی۔ لیکن خیر اگلے سال یہ ندامت دھل گئی۔ اور ہم فارسی میں پاس ہو گئے اور اس سے اگلے سال تاریخ میں پاس ہو گئے اور اس سے اگلے سال انگریزی میں۔

اب قاعدے کی رو سے ہمیں بی۔اے کا سرٹیفکیٹ مل جانا چاہئے تھا۔ لیکن یونیورسٹی کی اس طفلانہ ضد کا کیا علاج کہ تینوں مضمونوں میں بیک وقت پاس ہونا ضروری ہے۔ بعض طبائع ایسی ہیں کہ جب تک یکسوئی نہ ہو، مطالعہ نہیں کر سکتے۔ کیا ضروری ہے کہ ان کے دماغ کو زبردستی ایک کھچڑی سا بنا دیا جائے۔ ہم نے ہر سال صرف ایک مضمون پر اپنی تمام تر توجہ دی اور اس میں وہ کامیابی حاصل کی کہ باید و شاید، باقی دو مضمون ہم نے نہیں دیکھے لیکن ہم نے یہ تو ثابت کر دیا کہ جس مضمون میں چاہیں پاس ہو سکتے ہیں۔

اب تک تو دو دو مضمونوں میں فیل ہوتے رہے تھے لیکن اس کے بعد ہم نے تہیہ کر لیا کہ جہاں تک ہو سکا اپنے مطالعے کو وسیع کریں گے۔ یونیورسٹی کے بیہودہ اور بے معنی قواعد کو اپنی مرضی کے مطابق نہیں بنا سکتے تو اپنی طبعیت پر ہی کچھ زور ڈالیں۔ لیکن جتنا غور کیا اس نتیجے پر پہنچے کہ تین مضمونوں میں بیک وقت پاس ہونا فی الحال مشکل ہے۔ پہلے دو میں پاس ہونے کی کوشش کرنی چاہئے۔ چنانچہ ہم پہلے سال انگریزی اور فارسی میں پاس ہو گئے۔ اور دوسرے سال فارسی اور تاریخ میں۔

جن جن مضامین میں ہم جیسے جیسے فیل ہوئے وہ اس نقشے سے ظاہر ہیں:

(۱)انگریزی --- تاریخ--- فارسی

(۲)انگریزی--- تاریخ

(۳)انگریزی--- فارسی

(۴)تاریخ--- فارسی

گویا جن جن طریقوں سے ہم دو دو مضامین میں فیل ہو سکتے تھے وہ ہم نے سب پورے کر دئے۔ اس کے بعد ہمارے لیے دو مضامین میں فیل ہونا ناممکن ہو گیا۔ اور ایک ایک مضمون میں فیل ہونے کی باری آئی۔ چنانچہ اب ہم نے مندرجہ ذیل نقشے کے مطابق فیل ہونا شروع کر دیا:

(۵)تاریخ میں فیل

(۶)انگریزی میں فیل

اتنی دفعہ امتحان دے چکنے کے بعد جب ہم نے اپنے نتیجوں کو یوں اپنے سامنے رکھ کر غور کیا تو ثابت ہوا کہ غم کی رات ہونے والی ہے۔ ہم نے دیکھا کہ اب ہمارے فیل ہونے کا صرف ایک ہی طریقہ باقی رہ گیا ہے۔ وہ یہ ہے کہ فارسی میں فیل ہو جائیں۔ لیکن اس کے بعد تو پاس ہونا لازم ہے ہرچند کہ یہ سانحہ از حد جانکاہ ہو گا۔ لیکن اس میں یہ مصلحت تو ضرور مضمر ہے کہ اس سے ہمیں ایک قسم کا ٹیکا لگ جائے گا۔ بس یہی ایک کسر باقی رہ گئی ہے۔ اس سال فارسی میں فیل ہوں گے اور پھر اگلے سال قطعی پاس ہو جائیں گے۔ چنانچہ ساتویں دفعہ امتحان دینے کے بعد ہم بیتابی سے فیل ہونے کا انتظار کرنے لگے۔ یہ انتظار دراصل فیل ہونے کا انتظار نہ تھا بلکہ اس بات کا انتظار تھا کہ اس فیل ہونے کے بعد ہم اگلے سال ہمیشہ کے لیے بی۔اے ہو جائیں گے۔

ہر سال امتحان کے بعد جب گھر آتا تو والدین کو نتیجے کے لیے پہلے ہی سے تیار کر دیتا۔ رفتہ رفتہ نہیں بلکہ یکلخت اور فوراً، رفتہ رفتہ تیار کرنے سے خواہ مخواہ وقت ضائع ہوتا ہے۔ اور پریشانی مفت میں طول کھینچتی ہے۔ ہمارا قاعدہ یہ تھا کہ جاتے ہی کہہ دیا کرتے تھے کہ اس سال تو کم از کم پاس نہیں ہو سکتے، والدین کو اکثر یقین نہ آتا۔ ایسے موقعوں پر طبعیت کو بڑی الجھن ہوتی ہے۔ مجھے اچھی طرح معلوم ہے میں پرچوں میں کیا لکھ کر آیا ہوں۔ اچھی طرح جانتا ہوں کہ ممتحن لوگ اگر نشے کی حالت میں پرچے نہ دیکھیں تو میرا پاس ہونا قطعاً ناممکن ہے۔ چاہتا ہوں کہ میرے تمام بہی خواہوں کو بھی اس بات کا یقین ہو جائے تاکہ وقت پر انہیں صدمہ نہ ہو۔ لیکن بہی خواہ ہیں کہ میری تمام تشریحات کو محض کسر نفسی سمجھتے ہیں۔ آخری سالوں میں والد کو فوراً یقین آ جایا کرتا تھا کیونکہ تجربہ سے ان پر ثابت ہو چکا تھا کہ میرا انداز غلط نہیں ہوتا،لیکن ادھر اُدھر کے لوگ "اجی نہیں صاحب" اجی کیا کہہ رہے ہو"۔ "اجی یہ بھی کوئی بات ہے"۔ ایسے فقروں سے ناک میں دم کر دیتے۔ بہرحال اب کے پھر گھر پہنچتے ہی ہم نے حسب دستور اپنے فیل ہونے کی پیشن گوئی کر دی۔ دل کو یہ تسلی تھی کہ بس یہ آخری دفعہ ہے۔ اگلے سال ایسی پیش گوئی کرنے کی کوئی ضرورت نہ ہو گی۔

ساتھ ہی خیال آیا کہ وہ ہاسٹل کا قصہ پھر شروع کرنا چاہئے۔ اب تو کالج میں صرف ایک ہی سال باقی رہ گیا ہے۔ اب بھی ہاسٹل میں رہنا نصیب نہ ہوا تو عمر بھر گویا آزادی سے محروم رہے۔ گھر سے نکلے تو ماموں کے ڈربے میں اور جب ماموں کے ڈربے سے نکلے تو شاید اپنا ایک ڈربا بنانا

پڑے گا۔ آزادی کا ایک سال۔ صرف ایک سال اور یہ آخری موقعہ ہے۔

آخری درخواست کرنے سے پہلے میں نے تمام ضروری مصالحہ بڑی احتیاط سے جمع کیا، جن پروفیسروں سے مجھے اب ہم عمری کا فخر حاصل تھا، ان کے سامنے نہایت بے تکلفی سے اپنی آرزوؤں کا اظہار کیا اور ان سے والد کو خطوط لکھوائے کہ اگلے سال لڑکے کو ضرور آپ ہاسٹل میں بھیج دیں۔ بعض کامیاب طلباء کے والدین سے بھی اس مضمون کی عرضداشتیں بھجوائیں۔ خود اعداد و شمار سے ثابت کیا کہ یونیورسٹی سے جتنے لڑکے پاس ہوتے ہیں، ان میں سے اکثر ہاسٹل میں رہتے ہیں، اور یونیورسٹی کا کوئی وظیفہ یا تمغہ یا انعام تو کبھی ہاسٹل سے باہر گیا ہی نہیں۔ میں حیران ہوں کہ یہ دلیل مجھے اس سے پیشتر کبھی کیوں نہ سوجھی تھی۔ کیونکہ یہ بہت کارگر ثابت ہوئی۔ والد کا انکار نرم ہوتے ہوتے غور غوص میں تبدیل ہو گیا، لیکن پھر بھی ان کے دل سے شک رفع نہ ہوا۔ کہنے لگے۔ "میری سمجھ میں نہیں آتا کہ جس لڑکے کو پڑھنے کا شوق ہو وہ ہاسٹل کی بجائے گھر پر کیوں نہیں پڑھ سکتا۔"

میں نے جواب دیا کہ ہاسٹل میں ایک علمی فضا ہوتی ہے، جو ارسطو اور افلاطون کے گھر کے سوا اور کسی کے گھر میں دستیاب نہیں ہو سکتی۔ ہاسٹل میں جسے دیکھو بحر علوم میں غوطہ زن نظر آتا ہے باوجود اس کے کہ ہر ہاسٹل میں دو دو تین تین سو لڑکے رہتے ہیں پھر بھی وہ خموشی طاری ہوتی ہے کہ قبرستان معلوم ہوتا ہے۔ وجہ یہ ہے کہ ہر ایک اپنے پنے کام میں لگا رہتا ہے۔ شام کے وقت ہاسٹل کے صحن میں جا بجا طلبا علمی مباحثوں میں مشغول نظر آتے ہیں۔ علی الصبح ہر ایک طالب علم کتاب ہاتھ میں لیے ہاسٹل کے چمن

میں ٹہلتا نظر آتا ہے۔ کھانے کے کمرے میں، کامن روم میں، غسل خانوں میں، برآمدوں میں، ہر جگہ لوگ فلسفے اور ریاضی اور تاریخ کی باتیں کرتے ہیں، جن کو ادب انگریزی کا شوق ہے وہ دن رات آپس میں شیکسپیئر کی طرح گفتگو کرنے کی مشق کرتے ہیں۔ ریاضی کے طلباء اپنے ہر ایک خیال کو الجبرے میں ادا کرنے کی عادت ڈال لیتے ہیں۔ فارسی کے طلباء رباعیوں میں تبادلہ خیالات کرتے ہیں۔ تاریخ کے دلدادہ..."

والد نے اجازت دے دی۔

اب ہمیں یہ انتظار کہ کب فیل ہوں، اور کب اگلے سال کے لیے عرضی بھیجیں۔ اس دوران میں ہم نے ان تمام دوستوں سے خط و کتابت کی جن کے متعلق یقین تھا کہ اگلے سال پھر ان کی رفاقت نصیب ہو گی اور انہیں یہ مژدہ سنایا کہ آئندہ سال ہمیشہ کے لیے کالج کی تاریخ میں یادگار رہے گا کیونکہ ہم تعلیمی زندگی کا ایک وسیع تجربہ اپنے ساتھ لیے ہاسٹل میں آ رہے ہیں۔ جس سے ہم طلباء کی نئی پود کو مفت مستفید فرمائیں گے۔ اپنے ذہن میں ہم نے ہاسٹل میں اپنی حیثیت ایک مادر مہربان کی سی سوچ لی جس کے اردگرد نا تجربہ کار طلباء مرغی کے بچوں کی طرح بھاگتے پھریں گے۔
سپرنٹنڈنٹ صاحب جو کسی زمانے میں ہمارے ہم جماعت رہ چکے تھے لکھ بھیجا کہ جب ہم ہاسٹل میں آئیں تو فلاں فلاں مراعات کی توقع آپ سے رکھیں گے، اور فلاں فلاں قواعد سے اپنے آپ کو مستثنیٰ سمجھیں گے۔ اطلاعاً عرض ہے۔ اور یہ سب کچھ کر چکنے کے بعد ہماری بدنصیبی دیکھئے کہ جب نتیجہ نکلا تو ہم پاس ہو گئے۔

ہم پہ تو جو ظلم ہوا سو ہوا، یونیورسٹی والوں کی حماقت ملاحظہ فرمائیے کہ ہمیں پاس کر کے اپنی آمدنی کا ایک مستقل ذریعہ ہاتھ سے گنوا بیٹھے۔

سویرے جو کل آنکھ میری کھلی

گیدڑ کی موت آتی ہے تو شہر کی طرف دوڑتا ہے۔ ہماری جو شامت آئی تو ایک دن اپنے پڑوسی لالہ کرپا شنکر جی برہمچاری سے برسبیل تذکرہ کہہ بیٹھے کہ "لالہ جی امتحان کے دن قریب آتے جاتے ہیں، آپ سحر خیز ہیں، ذرا ہمیں بھی صبح جگا دیا کیجئے۔"

وہ حضرت بھی معلوم ہوتا ہے نفلوں کے بھوکے بیٹھے تھے۔ دوسرے دن اُٹھتے ہی انہوں نے ایشور کا نام لے کر ہمارے دروازے پر مکا بازی شروع کر دی کچھ دیر تک تو ہم سمجھے کہ عالم خواب ہے۔ ابھی سے کیا فکر، جاگیں تو لاحول پڑھ لیں گے۔ لیکن یہ گولہ باری لمحہ بہ لمحہ تیز ہوتی گئی۔ اور صاحب جب کمرے کی چوبی دیواریں لرزنے لگیں، صراحی پر رکھا گلاس جلترنگ کی طرح بجنے لگا اور دیوار پر لٹکا ہوا کیلنڈر پنڈولم کی طرح ہلنے لگا تو بیداری کا قائل ہونا ہی پڑا۔ مگر اب دروازہ ہے کہ لگاتار کھٹکھٹایا جا رہا ہے۔ میں کیا میرے آباء و اجداد کی روحیں اور میری قسمت خوابیدہ تک جاگ اُٹھی ہو گی۔ بہتر آوازیں دیتا ہوں۔۔۔ "اچھا!۔۔۔ اچھا!۔۔۔ تھینک یو!۔۔۔ جاگ گیا ہوں!۔۔۔ بہت اچھا! نوازش ہے!" آنجناب ہیں کہ سنتے ہی نہیں۔ خدایا کس آفت کا سامنا ہے؟ یہ سوتے کو جگا رہے ہیں یا مردے کو جلا رہے ہیں؟ اور حضرت عیسیٰ بھی تو بس واجبی طور پر ہلکی سی آواز میں "قم" کہہ دیا کرتے ہوں گے، زندہ ہو گیا تو ہو گیا، نہیں تو چھوڑ دیا۔ کوئی مردے کے پیچھے لٹھ لے کے پڑ جایا کرتے تھے؟ توپیں تھوڑی داغا کرتے تھے؟ یہ تو بھلا ہم سے کیسے ہو سکتا تھا کہ اُٹھ کر دروازے کی چٹخنی کھول دیتے، پیشتر

اس کے کہ بستر سے باہر نکلیں، دل کو جس قدر سمجھانا بجھانا پڑتا ہے۔ اس کا اندازہ کچھ اہل ذوق ہی لگا سکتے ہیں۔ آخرکار جب لیمپ جلایا اور ان کو باہر سے روشنی نظر آئی، تو طوفان تھما۔

اب جو ہم کھڑکی میں سے آسمان کو دیکھتے ہیں تو جناب ستارے ہیں، کہ جگمگا رہے ہیں! سوچا کہ آج پتہ چلائیں گے، یہ سورج آخر کس طرح سے نکلتا ہے۔ لیکن جب گھوم گھوم کر کھڑکی میں سے اور روشندان میں سے چاروں طرف دیکھا اور بزرگوں سے صبح کاذب کی جتنی نشانیاں سنی تھیں۔ ان میں سے ایک بھی کہیں نظر نہ آئی، تو فکر سی لگ گئی کہ آج کہیں سورج گرہن نہ ہو؟ کچھ سمجھ میں نہ آیا، تو پڑوسی کو آواز دی۔ "لالہ جی!۔۔۔ لالہ جی؟"

جواب آیا۔ "ہوں۔"

میں نے کہا "آج یہ کیا بات ہے۔ کچھ اندھیرا سا ہے؟"

کہنے لگے "تو اور کیا تین بجے ہی سورج نکل آئے؟"

تین بجے کا نام سن کر ہوش گم ہو گئے، چونک کر پوچھا۔ "کیا کہا تم نے؟ تین بجے ہیں۔"

کہنے لگے۔ "تین۔۔۔ تو۔۔۔ نہیں۔۔۔ کچھ سات۔۔۔ ساڑھے سات۔۔۔ منٹ اوپر تین ہیں۔"

میں نے کہا۔ "ارے کم بخت، خدائی فوجدار، بدتمیز کہیں کے، میں نے تجھ سے یہ کہا تھا کہ صبح جگا دینا، یا یہ کہا تھا کہ سرے سے سونے ہی نہ دینا؟ تین بجے جاگنا بھی کوئی شرافت ہے؟ ہمیں تو نے کوئی ریلوے گارڈ سمجھ رکھا ہے؟ تین بجے ہم اُٹھ سکا کرتے تو اس وقت دادا جان کے منظور نظر نہ

ہوتے؟ ابے احمق کہیں کے تین بجے اُٹھ کے ہم زندہ رہ سکتے ہیں؟ امیر زادے ہیں، کوئی مذاق ہے، لاحول و لا قوۃ"۔

دل تو چاہتا تھا کہ عدم تشدد کو خیر باد کہہ دوں لیکن پھر خیال آیا کہ بنی نوع انسان کی اصلاح کا ٹھیکہ کوئی ہمیں نے لے رکھا ہے؟ ہمیں اپنے کام سے غرض۔ لیمپ بجھایا اور بڑبڑاتے ہوئے پھر سو گئے۔

اور پھر حسب معمول نہایت اطمینان کے ساتھ بھلے آدمیوں کی طرح اپنے دس بجے اُٹھے، بارہ بجے تک منھ ہاتھ دھویا اور چار بجے چائے پی کر ٹھنڈی سڑک کی سیر کو نکل گئے۔

شام کو واپس ہاِسٹل میں وارد ہوئے۔ جوش شباب تو ہے ہی اس پر شام کا ارمان انگیز وقت۔ ہوا بھی نہایت لطیف تھی۔ طبعیت بھی ذرا مچلی ہوئی تھی۔ ہم ذرا ترنگ میں گاتے ہوئے کمرے میں داخل ہوئے کہ

بلائیں زلف جاناں کی اگر لیتے تو ہم لیتے

کہ اتنے میں پڑوسی کی آواز آئی۔ "مسٹر"۔

ہم اس وقت ذرا چٹکی بجانے لگے تھے۔ بس انگلیاں وہیں پر رک گئیں۔ اور کان آواز کی طرف لگ گئے۔ ارشاد ہوا "یہ آپ گا رہے ہیں؟" (زور "آپ" پر)

میں نے کہا۔ "اجی میں کس لائق ہوں۔ لیکن خیر فرمائیے؟" بولے "ذرا۔۔۔ وہ میں۔۔۔ میں ڈسٹرب ہوتا ہوں ۔ بس صاحب۔ ہم میں جو موسیقیت کی روح پیدا ہوئی تھی فوراً مر گئی۔ دل نے کہا۔ "او نابکار انسان دیکھ پڑھنے والے یوں پڑھتے ہیں "صاحب، خدا کے حضور گڑگڑا کر دعا مانگی کہ "خدایا ہم

بھی اب باقاعدہ مطالعہ شروع کرنے والے ہیں۔ہماری مدد کر اور ہمیں ہمت دے۔"

آنسو پونچھ کر اور دل کو مضبوط کر کے میز کے سامنے آ بیٹھے، دانت بھینچ لئے، نکٹائی کھول دی، آستینیں چڑھا لیں، لیکن کچھ سمجھ میں نہ آا کہ کریں کیا؟ سامنے سرخ سبز، زرد سب ہی قسم کی کتابوں کا انبار لگا تھا۔ اب ان میں سے کوئی سی پڑھیں؟ فیصلہ یہ ہوا کہ پہلے کتابوں کو ترتیب سے میز پر لگا دیں کہ باقاعدہ مطالعہ کی پہلی منزل یہی ہے۔

بڑی تقطیع کی کتابوں کو علیحدہ رکھ دیا۔ چھوٹی تقطیع کی کتابوں کو سائز کے مطابق الگ قطار میں کھڑا کر دیا۔ ایک نوٹ پیپر پر ہر ایک کتاب کے صفحوں کی تعداد لکھ کر سب کو جمع کیا پھر ۱۵۔اپریل تک کے دن گنے۔ صفحوں کی تعداد کو دنوں کی تعداد پر تقسیم کیا۔ ساڑھے پانچ سو جواب آیا، لیکن اضطراب کی کیا مجال جو چہرے پر ظاہر ہونے پائے۔ دل میں کچھ تھوڑا سا پچھتائے کہ صبح تین بجے ہی کیوں نہ اُٹھ بیٹھے لیکن کم خوابی کے طبی پہلو پر غور کیا۔ تو فوراً اپنے آپ کو ملامت کی۔ آخرکار اس نتیجے پر پہنچے کہ تین بجے اُٹھنا تو لغویات ہے البتہ پانچ، چھ، سات بجے کے قریب اُٹھنا معقول ہو گا۔ صحت بھی قائم رہے گی، اور امتحان کی تیاری بھی باقاعدہ ہو گی۔ ہم خرما د ہم ثواب۔

یہ تو ہم جانتے ہیں کہ سویرے اُٹھنا ہو تو جلدی ہی سو جانا چاہئے۔ کھانا باہر سے ہی کھا آئے تھے۔ بستر میں داخل ہو گئے۔

چلتے چلتے خیال آیا، کہ لالہ جی سے جگانے کے لیے کہہ ہی نہ دیں؟ یوں ہماری اپنی قوت ارادی کافی زبردست ہے جب چاہیں اُٹھ سکتے ہیں، لیکن پھر بھی کیا ہرج ہے؟

ڈرتے ڈرتے آواز دی۔ "لالہ جی"!

انہوں نے پتھر کھینچ مارا "یس"!

ہم اور بھی سہم گئے کہ لالہ جی کچھ ناراض معلوم ہوتے ہیں، تتلا کے درخواست کی کہ لالہ جی، صبح آپ کو بڑی تکلیف ہوئی، میں آپ کا بہت ممنون ہوں۔ کل اگر ذرا مجھے چھ بجے یعنی جس وقت چھ بجیں---"

جواب ندارد۔

میں نے پھر کہا "جب چھ بج چکیں تو--- سنا آپ نے؟"

چپ۔

"لالہ جی"!

کڑکتی ہوئی آواز نے جواب دیا۔ "سن لیا سن لیا چھ بجے جگا دوں گا۔ تھری گاما پلس فور ایلفا پلس---"

"ہم نے کہا ب--- ب--- ب--- بہت اچھا۔ یہ بات ہے۔"

توبہ! خدا کسی کا محتاج نہ کرے۔

لالہ جی آدمی بہت شریف ہیں۔ اپنے وعدے کے مطابق دوسرے دن صبح چھ بجے انہوں نے دروازو ں پر گھونسوں کی بارش شروع کر دی۔ ان کا جگانا تو محض ایک سہارا تھا ہم خود ہی انتظار میں تھے کہ یہ خواب ختم ہولے تو بس جاگتے ہیں۔ وہ نہ جگاتے تو میں خود ایک دو منٹ کے بعد آنکھیں کھول دیتا۔ بہر صورت جیسا کہ میرا فرض تھا۔ میں نے ان کا شکریہ ادا کیا۔ انہوں نے اس شکل میں قبول کیا کہ گولہ باری بند کر دی۔

اس کے بعد کے واقعات ذرا بحث طلب سے ہیں اور ان کے متعلق روایات میں کسی قدر اختلافات ہیں۔ بہرحال اس بات کا

تو مجھے یقین ہے۔ اور میں قسم بھی کھا سکتا ہوں کہ آنکھیں میں نے کھول دی تھیں۔ پھر یہ بھی یاد ہے کہ ایک نیک اور سچے مسلمان کی طرح کلمۂ شہادت بھی پڑھا۔ پھر یہ بھی یاد ہے کہ اُٹھنے سے پیشتر دیباچے کے طور پر ایک آدھ کروٹ بھی لی۔ پھر کا نہیں پتہ۔ شاید لحاف اوپر سے اتار دیا۔ شاید سر اس میں لپیٹ دیا۔ یا شاید کھانسا یا خراٹا لیا۔ خیر یہ تو یقین امر ہے کہ دس بجے ہم بالکل جاگ رہے تھے۔ لیکن لالہ جی کے جگانے کے بعد اور دس بجے سے پیشتر خدا جانے ہم پڑھ رہے تھے یا شاید سو رہے تھے۔ نہیں ہمارا خیال ہے پڑھ رہے تھے یا شاید سو رہے تھے۔ بہرصورت یہ نفسیات کا مسئلہ ہے جس میں نہ آپ ماہر ہیں نہ میں۔ کیا پتہ، لالہ جی نے جگایا ہی دس بجے ہو۔ یا اس دن چھ دیر میں بجے ہوں۔ خدا کے کاموں میں ہم آپ کیا دخل دے سکتے ہیں۔ لیکن ہمارے دل میں دن بھر یہ شبہ رہا کہ قصور کچھ اپنا ہی معلوم ہوتا ہے۔ جناب شرافت ملاحظہ ہو، کہ محض اس شبہ کی بناء پر صبح سے شام تک ضمیر کی ملامت سنتا رہا۔ اور اپنے آپ کو کوستا رہا۔ مگر لالہ جی سے ہنس ہنس کر باتیں کیں ان کا شکریہ ادا کیا۔ اور اس خیال سے کہ ان کی دل شکنی نہ ہو، حد درجے کی طمانیت ظاہر کی کہ آپ کی نوازش سے میں نے صبح کا سہانا اور روح افزا وقت بہت اچھی طرح صرف کیا ورنہ اور دنوں کی طرح آج بھی دس بجے اُٹھتا۔ "لالہ جی صبح کے وقت دماغ کیا صاف ہوتا ہے، جو پڑھو خدا کی قسم فوراً یاد ہو جاتا ہے۔ بھئی خدا نے صبح بھی کیا عجیب چیز پیدا کی ہے یعنی اگر صبح کے بجائے صبح صبح شام ہوا کرتی تو دن کیا بری طرح کٹا کرتا۔"

لالہ جی نے ہماری اس جادو بیانی کی داد یوں دی کہ آپ پوچھنے لگے۔ "تو میں آپ کو چھ بجے جگا دیا کروں نا؟"

میں نے کہا۔ "ہاں ہاں، واہ یہ بھی کوئی پوچھنے کی بات ہے۔ بے شک۔"

شام کے وقت آنے والی صبح کے مطالعہ کے لیے دو کتابیں چھانٹ کر میز پر علیحدہ جوڑ دیں۔ کرسی کو چارپائی کے قریب سرکا لیا۔ اوور کوٹ اور گلو بند کو کرسی کی پشت پر آویزاں کر لیا۔ کنٹوپ اور دستانے پاس ہی رکھ لیے۔ دیا سلائی کو تکئے کے نیچے ٹٹولا۔ تین دفعہ آیت الکرسی پڑھی، اور دل میں نہایت ہی نیک منصوبے باندھ کر سو گیا۔

صبح لالہ جی کی پہلی دستک کے ساتھ ہی جھٹ آنکھ کھل گئی، نہایت خندہ پیشانی کے ساتھ لحاف کی ایک کھڑکی میں سے ان کو "گڈ مارننگ" کیا، اور نہایت بیدارانہ لہجے میں کھانسا، لالہ جی مطمئن ہو کر واپس چلے گئے۔

ہم نے اپنی ہمت اور اولوالعزمی کو بہت سراہا کہ آج ہم فوراً ہی جاگ اُٹھے۔ دل سے کہا کہ 'دل بھیا، صبح اُٹھنا تو محض ذرا سی بات ہے ہم یوں ہی اس سے ڈرا کرتے تھے"۔ دل نے کہا "اور کیا؟ تمہارے تو یوں ہی اوسان خطا ہو جایا کرتے ہیں"۔ ہم نے کہا "سچ کہتے ہو یار، یعنی اگر ہم سستی اور کسالت کو خود اپنے قریب نہ آنے دیں تو ان کی کیا مجال ہے کہ ہماری باقاعدگی میں خلل انداز ہوں۔ اس وقت لاہور شہر میں ہزاروں ایسے کاہل لوگ ہوں گے جو دنیا و مافیہا سے بے خبر نیند کے مزے اُڑاتے ہوں گے۔ اور ایک ہم ہیں کہ ادائے فرض کی خاطر نہایت شگفتہ طبعی اور غنچہ دہنی سے جاگ رہے ہیں۔ "بھئی کیا برخوردار سعادت آثار واقع ہوئے ہیں۔" ناک کو سردی سی محسوس ہونے لگی تو اسے ذرا یو ں ہی سا لحاف اوٹ میں کر لیا اور پھر سوچنے لگے--- "خوب۔ تو ہم آج کیا وقت پر جاگے ہیں بس ذرا اس کی عادت ہو جائے

تو باقاعدہ قرآن مجید کی تلاوت اور فجر کی نماز بھی شروع کر دیں گے۔ آخر مذہب سب سے مقدم ہے ہم بھی کیا روزبروز الحاد کی طرف مائل ہوتے جاتے ہیں نہ خدا کا ڈر اور نہ رسول کا خوف۔ سمجھتے ہیں کہ بس اپنی محنت سے امتحان پاس کر لیں گے۔ اکبر بیچارا یہی کہتا کہتا مرگیا لیکن ہمارے کان پر جوں تک نہ چلی--- (لحاف کانوں پر سرک آیا)--- تو گویا آج ہم اور لوگوں سے پہلے جاگے ہیں--- بہت ہی پہلے--- یعنی کالج شروع ہونے سے بھی چار گھنٹے پہلے۔ کیا بات ہے! خداوندان کالج بھی کس قدر سست ہیں ایک مستعد انسان کو چھ بجے تک قطعی جاگ اُٹھنا چاہئے۔ سمجھ میں نہیں آتا کہ کالج سات بجے کیوں نہ شروع ہوا کرے--- (لحاف سر پر)--- بات یہ ہے کہ تہذیب جدید ہماری تمام اعلیٰ قوتوں کی بیخ کنی کر رہی ہے۔ عیش پسندی روزبروز بڑھتی جاتی ہے--- (آنکھیں بند)--- تو اب چھ بجے ہیں تو گویا تین گھنٹے تو متواتر مطالعہ کیا جا سکتا ہے۔ سوال صرف یہ ہے کہ پہلے کون سی کتابیں پڑھیں۔ شیکسپیئر یا ورڈزورتھ؟ میں جانوں شیکسپیئر بہتر ہو گا۔ اس کی عظیم الشان تصانیف میں خدا کی عظمت کے آثار دکھائی دیتے ہیں۔ اور صبح کے وقت اللہ میاں کی یاد سے بہتر چیز کیا ہو سکتی ہے؟ پھر خیال آیا کہ دن کو جذبات کے محشرستان سے شروع کرنا ٹھیک فلسفہ نہیں۔ ورڈزورتھ پڑھیں۔ اس کے اوراق میں فطرت کو سکون و اطمینان میسر ہو گا اور دل اور دماغ نیچر کی خاموش دلآویزیوں سے ہلکے ہلکے لطف اندوز ہوں گے--- لیکن ٹھیک ہی رہے گا شیکسپیئر--- نہیں ورڈزورتھ--- لیڈی میکبتھ--- دیوانگی--- سبزہ زار--- سنجر سنجر--- باد بہاری--- صید ہوس--- کشمیر--- میں آفت کا پرکالہ ہوں---

یہ معمہ اب مابعد الطبیعات ہی سے تعلق رکھتا ہے کہ پھر جو ہم نے لحاف سے سر باہر نکالا اور ورڈزورتھ پڑھنے کا ارادہ کیا تو وہی دس بج رہے تھے۔ اس میں نہ معلوم کیا بھید ہے!

کالج ہال میں لالہ جی ملے۔ "مسٹر! صبح میں نے آپ کو پھر آواز دی تھی، آپ نے جواب نہ دیا؟"

میں نے زور کا قہقہہ لگا کر کہا۔ "اوہو۔ لالہ جی یاد نہیں۔ میں نے آپ کو گڈ مارننگ کہا تھا؟ میں تو پہلے ہی سے جاگ رہا تھا"۔

بولے "وہ تو ٹھیک ہے لیکن بعد میں۔۔۔ اس کے بعد!۔۔۔ کوئی سات بجے کے قریب میں نے آپ سے تاریخ پوچھی تھی، آپ بولے ہی نہیں۔"

ہم نے نہایت تعجب کی نظروں سے ان کو دیکھا۔ گویا وہ پاگل ہو گئے ہیں۔ اور پھر ذرا متین چہرہ بنا کر ماتھے پر تیوریاں چڑھائے غور و فکر میں مصروف ہو گئے۔ ایک آدھ منٹ تک ہم اس تعمق میں رہے۔ پھر یکایک ایک محجوبانہ اور معشوقانہ انداز سے مسکرا کے کہا۔ "ہاں ٹھیک ہے، ٹھیک ہے، میں اس وقت۔۔۔ اے۔۔۔ اے، نماز پڑھ رہا تھا۔"

لالہ جی مرعوب سے ہو کر چل دئے۔ اور ہم اپنے زہد و اتقا کی مسکینی میں سر نیچا کئے کمرے کی طرف چلے آئے۔ اب یہی ہمارا روزمرہ کا معمول ہو گیا ہے۔ جاگنا نمبر ایک چھ بجے۔ جاگنا نمبر دو دس بجے۔ اس دوران لالہ جی آواز دیں تو نماز۔

جب دل مرحوم ایک جہان آرزو تھا تو یوں جاگنے کی تمنا کیا کرتے تھے کہ "ہمارا فرق ناز محو بالش کمخواب" ہو اور سورج کی پہلی کرنیں ہمارے سیاہ پُر پیچ بالوں پر پڑ رہی ہیں۔

کمرے میں پھولوں کی بوئے سحری روح افزائیاں کر رہی ہو۔ نازک اور حسین ہاتھ اپنی انگلیوں سے بربط کے تاروں کو ہلکے ہلکے چھیڑ رہے ہوں۔ اور عشق میں ڈوبی ہوئی سریلی اور نازک آواز مسکراتی ہوئی گا رہی ہو!

تم جاگو موہن پیارے

خواب کی سنہری دھند آہستہ آہستہ موسیقی کی لہروں میں تحلیل ہو جائے اور بیداری ایک خوشگوار طلسم کی طرح تاریکی کے باریک نقاب کو خاموشی سے پارہ پارہ کر دے چہرہ کسی کی نگاہ اشتیاق کی گرمی محسوس کر رہا ہو۔ آنکھیں مسحور ہو کر کھلیں اور چار ہو جائیں۔ دلآویز تبسم صبح کو اور بھی درخشندہ کر دے۔ اور گیت "سانوری صورت توری من کو بھائی" کے ساتھ ہی شرم و حجاب میں ڈوب جائے۔

نصیب یہ ہے کہ پہلے "مسٹر! مسٹر!" کی آواز اور دروازے کی دنادن سامعہ نوازی کرتی ہے، اور پھر چار گھنٹے بعد کالج کا گھڑیال دماغ کے ریشے ریشے میں دس بجانا شروع کر دیتا ہے۔ اور اس چار گھنٹے کے عرصہ میں گڑویوں کے گرنے۔ دیگچیوں کے اُلٹ جانے، دروازوں کے بند ہونے، کتابوں کے جھاڑنے، کرسیوں کے گھسیٹنے، کُلیاں اور غرغرے کرنے، کھنکھارنے اور کھانسنے کی آوازیں تو گویا فی البدیہہ ٹھمریاں ہیں۔ اندازہ کر لیجئے کہ ان سازوں میں سُر تال کی کس قدر گنجائش ہے!

موت مجھ کو دکھائی دیتی ہے

جب طبعیت کو دیکھتا ہوں میں

ہزاروں سال نرگس اپنی بے نوری پہ روتی ہے-- بڑی مشکل سے ہوتا ہے چمن میں دیدار پیدا

کتّے

علم الحیوانات کے پروفیسروں سے پوچھا۔ سلوتریوں سے دریافت کیا۔ خود سر کھپاتے رہے۔ لیکن کبھی سمجھ میں نہ آیا کہ آخر کتوں کا فائدہ کیا ہے؟ گائے کو لیجئے دودھ دیتی ہے۔ بکری کو لیجئے، دودھ دیتی ہے اور مینگنیاں بھی۔ یہ کتے کیا کرتے ہیں؟ کہنے لگے کہ کتا وفادار جانور ہے۔ اب جناب وفاداری اگر اسی کا نام ہے کہ شام کے سات بجے سے جو بھونکنا شروع کیا تو لگاتار بغیر دم لیے صبح کے چھ بجے تک بھونکتے چلے گئے۔تو ہم لنڈورے ہی بھلے، کل ہی کی بات ہے کہ رات کے کوئی گیارہ بجے ایک کتے کی طبیعت جو ذرا گدگدائی تو انہوں نے باہر سڑک پر آ کر طرح کا ایک مصرع دے دیا۔ ایک آدھ منٹ کے بعد سامنے کے بنگلے میں ایک کتے نے مطلع عرض کر دیا۔ اب جناب ایک کہنہ مشق استاد کو جو غصہ آیا، ایک حلوائی کے چولہے میں سے باہر لپکے اور بھنا کے پوری غزل مقطع تک کہہ گئے۔ اس پر شمال مشرق کی طرف ایک قدر شناس کتے نے زوروں کی داد دی۔ اب تو حضرت وہ مشاعرہ گرم ہوا کہ کچھ نہ پوچھئے، کم بخت بعض تو دو غزلے سہ غزلے لکھ لائے تھے۔ کئی ایک نے فی البدیہہ قصیدے کے قصیدے پڑھ ڈالے، وہ ہنگامہ گرم ہوا کہ ٹھنڈا ہونے میں نہ آتا تھا۔ہم نے کھڑکی میں سے ہزاروں دفعہ "آرڈر آرڈر" پکارا لیکن کبھی ایسے موقعوں پر پر دھان کی بھی کوئی بھی نہیں سنتا۔ اب ان سے کوئی پوچھئے کہ میاں تمہیں کوئی ایسا ہی ضروری مشاعرہ کرنا تھا تو دریا کے کنارے کھلی ہوا میں جاکر طبع آزمائی

کرتے یہ گھروں کے درمیان آ کر سوتوں کو ستانا کون سی شرافت ہے۔

اور پھر ہم دیسی لوگوں کے کتے بھی کچھ عجیب بدتمیز واقع ہوئے ہیں۔ اکثر تو ان میں ایسے قوم پرست ہیں کہ پتلون کوٹ کو دیکھ کر بھونکنے لگ جاتے ہیں۔ خیر یہ تو ایک حد تک قابل تعریف بھی ہے۔ اس کا ذکر ہی جانے دیجئے اس کے علاوہ ایک اور بات ہے یعنی ہمیں بارہا ڈالیاں لے کر صاحب لوگوں کے بنگلوں پر جانے کا اتفاق ہوا، خدا کی قسم ان کے کتوں میں وہ شائستگی دیکھی ہے کہ عش عش کرتے لوٹ آئے ہیں۔ جوں ہی ہم بنگلے کے اندر داخل ہوئے کتے نے برآمدے میں کھڑے کھڑے ہی ایک ہلکی سی "بخ" کر دی اور پھر منہ بند کر کے کھڑا ہو گیا۔ہم آگے بڑھے تو اس نے بھی چار قدم آگے بڑھ کر ایک نازک اور پاکیزہ آواز میں پھر "بخ" کر دی۔ چوکیداری کی چوکیداری موسیقی کی موسیقی۔ ہمارے کتے ہیں کہ نہ راگ نہ سُر۔ نہ سر نہ پیر۔ تان پہ تان لگائے جاتے ہیں، بے تالے کہیں کے نہ موقع دیکھتے ہیں، نہ وقت پہچانتے ہیں، گل بازی کیے جاتے ہیں۔ گھمنڈ اس بات پر ہے کہ تان سین اسی ملک میں تو پیدا ہوا تھا۔

اس میں شک نہیں کہ ہمارے تعلقات کتوں سے ذرا کشیدہ ہی رہے ہیں۔ لیکن ہم سے قسم لے لیجئے جو ایسے موقع پر ہم نے کبھی سیتا گرہ سے منہ موڑا ہو۔ شاید آپ اس کو تعلّی سمجھیں لیکن خدا شاہد ہے کہ آج تک کبھی کسی کتے پر ہاتھ اُٹھ ہی نہ سکا۔ اکثر دوستوں نے صلاح دی کہ رات کے وقت لاٹھی چھڑی ضرور ہاتھ میں رکھنی چاہئے کہ دافع بلیات ہے لیکن ہم کسی سے خواہ مخواہ عداوت پیدا نہیں کرنا چاہتے۔ کتے کے بھونکتے ہی ہماری طبعی شرافت ہم پر اس درجہ غلبہ پا جاتی ہے کہ آپ اگر ہمیں اس وقت دیکھیں تو یقیناً یہی

سمجھیں گے کہ ہم بزدل ہیں۔ شاید آپ اس وقت یہ بھی اندازہ لگا لیں کہ ہمارا گلا خشک ہوا جاتا ہے۔ یہ البتہ ٹھیک ہے ایسے موقع پر کبھی گانے کی کوشش کروں تو کھرج کے سُروں کے سوا اور کچھ نہیں نکلتا۔ اگر آپ نے بھی ہم جیسی طبیعت پائی ہو تو آپ دیکھیں گے کہ ایسے موقع پر آیت الکرسی آپ کے ذہن سے اُتر جائے گی اس کی جگہ آپ شاید دعائے قنوت پڑھنے لگ جائیں۔

بعض اوقات ایسا اتفاق بھی ہوا ہے کہ رات کے دو بجے چھڑی گھماتے تھیٹر سے واپس آ رہے ہیں اور ناٹک کے کسی نہ کسی گیت کی طرز ذہن میں بٹھانے کی کوشش کر رہے ہیں چونکہ گیت کے الفاظ یاد نہیں اور نومشقی کا عالم بھی ہے اس لیے سیٹی پر اکتفا کی ہے کہ بےسرے بھی ہو گئے تو کوئی یہی سمجھے گا کہ انگریزی موسیقی ہے، اتنے میں ایک موڑ پر سے جو مڑے تو سامنے ایک بکری بندھی تھی۔ ذرا تصور ملاحظہ ہو آنکھوں نے اسے بھی کتا دیکھا، ایک تو کتا اور پھر بکری کی جسامت کا۔ گویا بہت ہی کتا۔ بس ہاتھ پاؤں پھول گئے چھڑی کی گردش دھیمی ہوتے ہوتے ایک نہایت ہی نامعقول، زاوئیے پر ہوا میں کہیں ٹھہر گئی۔ سیٹی کی موسیقی بھر تھرتھرا کر خاموش ہو گئی لیکن کیا مجال جو ہماری تھوتھنی کی مخروطی شکل میں ذرا بھی فرق آیا ہو۔گویا ایک بے آواز لَے ابھی تک نکل رہی ہے ۔طب کا مسئلہ ہے کہ ایسے موقعوں پر اگر سردی کے موسم میں بھی پسینہ آ جائے تو کوئی مضائقہ نہیں بعد میں پھر سوکھ جاتا ہے۔

چونکہ ہم طبعاً ذرا محتاط ہیں۔ اس لیے آج تک کتے کے کانٹے کا کبھی اتفاق نہیں ہوا۔ یعنی کسی کتے نے آج تک ہم کو کبھی نہیں کاٹا اگر ایسا سانحہ کبھی پیش آیا ہوتا تو اس

سرگزشت کی بجائے آج ہمارا مرثیہ چھپ رہا ہوتا۔ تاریخی مصرعہ دعائیہ ہوتا کہ "اس کتے کی مٹی سے بھی کتا گھاس پیدا ہو" لیکن۔۔۔

کہوں کس سے میں کہ کیا ہے سگ رہ بری بلا ہے

مجھے کیا برا تھا مرنا اگر ایک بار ہوتا

جب تک اس دنیا میں کتے موجود ہیں اور بھونکنے پر مُصر ہیں سمجھ لیجئے کہ ہم قبر میں پاؤں لٹکائے بیٹھے ہیں اور پھر ان کتوں کے بھونکنے کے اصول بھی تو کچھ نرالے ہیں۔ یعنی ا یک تو متعدی مرض ہے اور پھر بچوں اور بوڑھوں سب ہی کو لاحق ہے۔ اگر کوئی بھاری بھرکم اسفندیار کتا کبھی کبھی اپنے رعب اور دبدبے کو قائم رکھنے کے لیے بھونک لے تو ہم بھی چار و ناچار کہہ دیں کہ بھئی بھونک۔ (اگرچہ ایسے وقت میں اس کو زنجیر سے بندھا ہونا چاہئیے۔) لیکن یہ کم بخت دو روزہ، سہ روزہ، دو دو تین تین تولے کے پلے بھی تو بھونکنے سے باز نہیں آتے۔ باریک آواز ذرا سا پھیپھڑا اس پر بھی اتنا زور لگا کر بھونکتے ہیں کہ آواز کی لرزش دُم تک پہنچتی ہے اور پھر بھونکتے ہیں چلتی موٹر کے سامنے آ کر گویا اسے روک ہی تو لیں گے۔ اب اگر یہ خاکسار موٹر چلا رہا ہوتو قطعاً ہاتھ کام کرنے سے انکار کر دیں لیکن ہر کوئی یوں ان کی جان بخشی تھوڑا ہی کر دے گا؟

کتوں کے بھونکنے پر مجھے سب سے بڑا اعتراض یہ ہے کہ ان کی آواز سوچنے کے تمام قویٰ معطل کر دیتی ہے خصوصاً جب کسی دکان کے تختے کے نیچے سے ان کا ایک پورا خفیہ جلسہ باہر سڑک پر آ کر تبلیغ کا کام شروع کر دے تو آپ ہی کہیے ہوش ٹھکانے رہ سکتے ہیں؟ ہر ایک کی طرف باری باری متوجہ ہونا پڑتا ہے۔ کچھ ان کا شور، کچھ

ہماری صدائے احتجاج (زیر لب) بےڈھنگی حرکات و سکنات (حرکات ان کی، سکنات ہماری۔) اس ہنگامے میں دماغ بھلا خاک کام کر سکتا ہے؟ اگرچہ یہ مجھے بھی نہیں معلوم کہ اگر ایسے موقع پر دماغ کام کرے بھی تو کیا تیر مار لے گا؟ بہرصورت کتوں کی یہ پرلے درجے کی ناانصافی میرے نزدیک ہمیشہ قابل نفرین رہی ہے۔ اگر ان کا ایک نمائندہ شرافت کے ساتھ ہم سے آکر کہہ دے کہ عالی جناب، سڑک بند ہے تو خدا کی قسم ہم بغیر چون و چرا کئے واپس لوٹ جائیں اور یہ کوئی نئی بات نہیں۔ ہم نے کتوں کی درخواست پر کئی راتیں سڑکیں ناپنے میں گزار دی ہیں لیکن پوری مجلس کا یوں متفقہ و متحدہ طور پر سینہ زوری کرنا ایک کمینہ حرکت ہے (قارئین کرام کی خدمت میں عرض ہے کہ اگر ان کا کوئی عزیز و محترم کتا کمرے میں موجود ہو تو یہ مضمون بلند آواز سے نہ پڑھا جائے مجھے کسی کی دل شکنی مطلوب نہیں۔)

خدا نے ہر قوم میں نیک افراد بھی پیدا کئے ہیں۔ کتے اس کے کلئے سے مستثنیٰ نہیں۔ آپ نے خدا ترس کتا بھی ضرور دیکھا ہو گا، اس کے جسم میں تپّسیا کے اثرات ظاہر ہوتے ہیں، جب چلتا ہے تو اس مسکینی اور عجز سے گویا بار گناہ کا احساس آنکھ نہیں اٹھانے دیتا۔ دم اکثر پیٹ کے ساتھ لگی ہوتی ہے۔ سڑک کے بیچوں بیچ غور و فکر کے لیے لیٹ جاتا ہے اور آنکھیں بند کر لیتا ہے۔ شکل بالکل فلاسفروں کی سی اور شجرہ دیو جانس کلبی سے ملتا ہے۔ کسی گاڑی والے نے متواتر بگل بجایا، گاڑی کے مختلف حصوں کو کھٹکھٹایا، لوگوں سے کہلوایا، خود دس بارہ دفعہ آوازیں دیں تو آپ نے سرکو وہیں زمین پر رکھے سرخ مخمور آنکھوں کو کھولا ۔ صورت حال کو ایک نظر دیکھا، اور پھر آنکھیں بند کر لیں۔

کسی نے ایک چابک لگا دیاتو آپ نہایت اطمینان کے ساتھ وہاں سے اُٹھ کر ایک گز پرے جا لیٹے اور خیالات کے سلسلے کو جہاں سے وہ ٹوٹ گیا تھا وہیں سے پھر شروع کر دیا۔ کسی بائیسکل والے نے گھنٹی بجائی، تو لیٹے لیٹے ہی سمجھ گئے کہ بائیسکل ہے۔ ایسی چھچھوری چیزوں کے لیے وہ راستہ چھوڑ دینا فقیری کی شان کے خلاف سمجھتے ہیں۔

رات کے وقت یہی کتا اپنی خشک، پتلی سی دم کو تابحد امکان سڑک پر پھیلا کر رکھتا ہے۔ اس سے محض خدا کے برگزیدہ بندوں کی آزمائش مقصود ہوتی ہے۔ جہاں آپ نے غلطی سے اس پر پاؤں رکھ دیا، انہوں نے غیظ و غضب کے لہجہ میں آپ سے پرسش شروع کر دی، "بچہ فقیروں کو چھیڑتا ہے، نظر نہیں آتا، ہم سادھو لوگ یہاں بیٹھے ہیں"۔ بس اس فقیر کی بددعا سے سے اسی وقت رعشہ شروع ہو جاتا ہے۔ بعد میں کئی راتوں تک یہی خواب نظر آتے رہتے ہیں کہ بےشمار کتے ٹانگوں سے لپٹے ہوئے ہیں اور جانے نہیں دیتے۔ آنکھ کھلتی ہے تو پاؤں چارپائی کی ادوان میں پھنسے ہوتے ہیں۔

اگر خدا مجھے کچھ عرصے کے لیے اعلیٰ قسم کے بھونکنے اور کاٹنے کی طاقت عطا فرمائے، تو جنون انتقام میرے پاس کافی مقدار میں ہے۔ رفتہ رفتہ سب کتے علاج کے لیے کسولی پہنچ جائیں۔ ا یک شعر ہے:

عرفی تو میندیش زغو غائے رقیباں

آواز سگاں کم نہ کند رزق گدارا

یہی وہ خلاف فطرت شاعری ہے، جو ایشیا کے لیے باعث ننگ ہے، انگریزی میں ایک مثل ہے، کہ "بھونکتے ہوئے کتے کاٹا نہیں کرتے" یہ بجا سہی۔ لیکن کون جانتا ہے، کہ

ایک بھونکتا ہوا کتا کب بھونکنا بند کر دے، اور کاٹنا شروع کر دے!

اردو کی آخری کتاب

ماں کی مصیبت

ماں بچے کو گود میں لیے بیٹھی ہے۔ باپ انگوٹھا چوس رہا ہے اور دیکھ دیکھ کر خوش ہوتا ہے۔ بچہ حسب معمول آنکھیں کھولے پڑا ہے۔ ماں محبت بھری نگاہوں سے اس کے منہ کو تک رہی ہے اور پیار سے حسب ذیل باتیں پوچھتی ہے:

۱۔ وہ دن کب آئے گا جب تو میٹھی میٹھی باتیں کرے گا؟

۲۔ بڑا کب ہو گا؟ مفصل لکھو۔

۳۔ دولہا کب بنے گا اور دلہن کب بیاہ کر لائے گا؟ اس میں شرمانے کی ضرورت نہیں۔

۴۔ ہم کب بڈھے ہوں گے؟

۵۔ تو کب کمائے گا؟

۶۔ آپ کب کھائے گا؟ اور ہمیں کب کھلائے گا؟ باقاعدہ ٹائم ٹیبل بنا کر واضح کرو۔

بچہ مسکراتا ہے اور کیلنڈر کی مختلف تاریخوں کی طرف اشارہ کرتا ہے۔ تو ماں کا دل باغ باغ ہو جاتا ہے۔ جب ننھا سا ہونٹ نکال نکال کر باقی چہرے سے رونی صورت بناتا ہے۔ تو یہ بےچین ہو جاتی ہے۔ سامنے پنگورا لٹک رہا ہے۔ سلانا ہو، تو افیم کھلا کر اس میں لٹا دیتی ہے۔ رات کو اپنے ساتھ سلاتی ہے ۔(باپ کے ساتھ دوسرا بچہ سوتا ہے) جاگ اٹھتا ہے

تو جھٹ چونک پڑتی ہے اور محلے والوں سے معافی مانگتی ہے۔ کچی نیند میں رونے لگتا ہے۔ تو بےچاری مامتا کی ماری آگ جلا کر دودھ کو ایک اور اُبال دیتی ہے۔ صبح جب بچے کی آنکھ کھلتی ہے تو آپ بھی اُٹھ بیٹھتی ہے، اس وقت تین بجے کا عمل ہوتا ہے۔ دن چڑھے منہ دھلاتی ہے۔ آنکھوں میں کاجل لگاتی ہے اور جی کڑا کر کے کہتی ہے کیا چاند سا مکھڑا نکل آیا واہ واہ۔

کھانا خودبخود پک رہا ہے

دیکھنا۔ بیوی آپ بیٹھی پکا رہی ہے۔ ورنہ دراصل یہ کام میاں کا ہے۔ ہر چیز کیا قرینے سے رکھی ہے۔ دھوئے دھائے برتن صندوق پر چُنے ہیں تاکہ صندوق نہ کھل سکے، ایک طرف نیچے اوپر مٹی کے برتن دھرے ہیں۔ کسی میں دال ہے اور کسی میں آٹا، کسی میں چوہے، پھکنی اور پانی کا لوٹا پاس ہے تاکہ جب چاہے آگ جلائے، جب چاہے پانی ڈال کر بجھا دے۔ آٹا گندھا رکھا ہے، چاول پک چکے ہیں۔ نیچے اتار کر رکھے ہیں۔ دال چولہے پر چڑھی ہے۔ غرض یہ کہ سب کام ہو چکا ہے۔ لیکن یہ پھر بھی پاس بیٹھی ہے۔ میاں جب آتا ہے تو کھانا لا کر سامنے رکھتی ہے۔ پیچھے کبھی نہیں رکھتی، کھا چکتا ہے۔ تو کھانا اُٹھا لیتی ہے۔ ہر روز یوں نہ کرے تو میاں کے سامنے ہزاروں رکابیوں کا ڈھیر لگ جائے۔ کھانے پکانے سے فارغ ہوتی ہے تو کبھی سینا لے بیٹھی ہے۔ کبھی چرخہ کاتنے لگتی ہے، کیوں نہ ہو، مہاتما گاندھی کی بدولت یہ ساری باتیں سیکھی ہیں۔ آپ ہاتھ پاؤں نہ ہلائے تو ڈاکٹر سے علاج کروانا پڑے۔

دھوبی آج کپڑے دھو رہا ہے

بڑی محنت کرتا ہے۔ شام کو بھٹی چڑھاتا ہے، دن بھر بیکار بیٹھا رہتا ہے۔ کبھی کبھی بیل پر لادی لادتا ہے اور گھاٹ کا رستہ لیتا ہے۔ کبھی نالے پر دھوتا ہے، کبھی دریا پر تاکہ کپڑوں والے کبھی پکڑ نہ سکیں۔ جاڑا ہو تو سردی ستاتی ہے،

گرمی ہو تو دھوپ جلاتی ہے۔ صرف بہار کے موسم میں کام کرتا ہے۔ دوپہر ہونے آئی، اب تک پانی میں کھڑا ہے اس کو ضرور سرسام ہو جائے گا۔ درخت کے نیچے بیل بندھا ہے۔ جھاڑی کے پاس کتا بیٹھا ہے۔ دریا کے اس پار ایک گلہری دوڑ رہی ہے۔ دھوبی انہیں سے اپنا جی بہلاتا ہے۔

دیکھنا دھوبن روٹی لائی ہے۔ دھوبی کو بہانہ ہاتھ آیا ہے۔ کپڑے پٹڑے پر رکھ کر اس سے باتیں کرنے لگا۔ کتے نے بھی دیکھ کر کان کھڑے کئے۔ اب دھوبن گانا گائے گی۔ دھوبی دریا سے نکلے گا۔ دریا کا پانی پھر نیچا ہو جائے گا۔

میاں دھوبی! یہ کتا کیوں پال رکھا ہے؟ صاحب کہاوت کی وجہ سے اور پھر یہ تو ہمارا چوکیدار ہے دیکھئے! امیروں کے کپڑے میدان میں پھیلے پڑے ہیں، کیا مجال کوئی پاس تو آ جائے، جو لوگ ایک دفعہ کپڑے دے جائیں پھر واپس نہیں لے جا سکتے۔ میاں دھوبی! تمہارا کام بہت اچھا ہے۔ میل کچیل سے پاک صاف کرتے ہو، ننگا پھراتے ہو۔

میں ایک میاں ہوں

میں ایک میاں ہوں۔ مطیع و فرمانبردار، اپنی بیوی روشن آراء کو اپنی زندگی کی ہر ایک بات سے آگاہ رکھنا اصول زندگی سمجھتا ہوں اور ہمیشہ اس پر کاربند رہا ہوں۔ خدا میرا انجام بخیر کرے۔

چنانچہ میری اہلیہ میرے دوستوں کی تمام عادات و خصائل سے واقف ہیں۔ جس کا نتیجہ یہ ہے کہ میرے دوست جتنے مجھ کو عزیز ہیں اتنے ہی روشن آراء کو برے لگتے ہیں۔ میرے احباب کی جن اداؤں نے مجھے محسور کر رکھا ہے انہیں میری اہلیہ ایک شریف انسان کے لیے باعث ذلت سمجھتی ہیں۔

آپ کہیں یہ نہ سمجھ لیں کہ خدا نحواستہ وہ کوئی ایسے آدمی ہیں، جن کا ذکر کسی معزز مجمع نہ کیا جا سکے۔ کچھ اپنے ہنر کے طفیل اور کچھ خاکسار کی صحبت کی بدولت سب کے سب ہی سفید پوش ہیں۔ لیکن اس بات کو کیا کروں کہ ان کی دوستی میرے گھر کے امن میں اس قدر خلل انداز ہوئی ہے کہ کچھ کہہ نہیں سکتا۔

مثلاً مرزا صاحب ہی کو لیجئے، اچھے خاصے اور بھلے آدمی ہیں۔ گو محکمہ جنگلات میں ایک معقول عہدے پر ممتاز ہیں لیکن شکل و صورت ایسی پاکیزہ پائی ہے کہ امام مسجد معلوم ہوتے ہیں۔ جوا وہ نہیں کھیلتے، گلی ڈنڈے کا ان کو شوق نہیں۔ جیب کترتے ہوئے کبھی وہ نہیں پکڑے گئے۔ البتہ کبوتر پال رکھے ہیں، ان ہی سے جی بہلاتے ہیں۔ ہماری اہلیہ کی یہ کیفیت ہے کہ محلے کا کوئی بدمعاش جوئے میں قید ہو

جائے تو اس کی ماں کے پاس ماتم پرسی تک کو چلی جاتی ہیں۔ گلی ڈنڈے میں کسی کی آنکھ پھوٹ جائے تو مرہم پٹی کرتی رہتی ہیں۔ کوئی جیب کترا پکڑا جائے تو گھنٹوں آنسو بہاتی رہتی ہیں، لیکن وہ بزرگ جن کو دنیا بھر کی زبان میں مرزا صاحب کہتے تھکتی ہے وہ ہمارے گھر میں "موئے کبوتر باز" کے نام سے یاد کئے جاتے ہیں کبھی بھولے سے بھی میں آسمان کی طرف نظر اٹھا کر کسی چیل، کوئے، گدھ، شکرے کو دیکھنے لگ جاؤں تو روشن آراء کو فوراً خیال ہو جاتا ہے کہ بس اب یہ بھی کبوتر باز بننے لگا۔

اس کے بعد مرزا صاحب کی شان میں ایک قصیدہ شروع ہو جاتا ہے۔ بیچ میں میری جانب گریز۔ کبھی لمبی بحر میں، کبھی چھوٹی بحر میں۔

ایک دن جب یہ واقعہ پیش آیا، تو میں نے مصمم ارادہ کر لیا کہ اس مرزا کمبخت کو کبھی پاس نہ پھٹکنے دوں گا، آخر گھر سب سے مقدم ہے۔ بیوی کے باہمی اخلاص کے مقابلے میں دوستوں کی خوشنودی کیا چیز ہے؟ چنانچہ ہم غصے میں بھرے ہوئے مرزا صاحب کے گھر گئے، دروازہ کھٹکھٹایا۔ کہنے لگے اندر آ جاؤ۔ ہم نے کہا، نہیں آتے تم باہر آؤ۔ خیر اندر گیا۔ بدن پر تیل مل کر ایک کبوتر کی چونچ منہ میں لئے دھوپ میں بیٹھے تھے۔ کہنے لگے بیٹھ جاؤ ہم نے کہا، بیٹھیں گے نہیں، آخر بیٹھ گئے معلوم ہوتا ہے ہمارے تیور کچھ بگڑے ہوئے تھے، مرزا بولے کیوں بھئی؟ خیر باشد! میں نے کہا کچھ نہیں۔ کہنے لگے اس وقت کیسے آنا ہوا؟

اب میرے دل میں فقرے کھولنے شروع ہوئے۔ پہلے ارادہ کیا کہ ایک دم ہی سب کچھ کہہ ڈالو اور چل دو، پھر سوچا کہ

مذاق سمجھے گا اس لیے کسی ڈھنگ سے بات شروع کرو۔ لیکن سمجھ میں نہ آیا کہ پہلے کیا کہیں، آخر ہم نے کہا۔

"مرزا، بھئی کبوتر بہت مہنگے ہوتے ہیں؟"

یہ سنتے ہی مرزا صاحب نے چین سے لے کر امریکہ تک کے تمام کبوتروں کو ایک ایک کر کے گنوانا شروع کیا۔ اس کے بعد دانے کی مہنگائی کے متعلق گل افشانی کرتے رہے اور پھر محض مہنگائی پر تقریر کرنے لگے۔ اس دن تو ہم یوں ہی چلے آئے لیکن ابھی کھٹ پٹ کا ارادہ دل میں باقی تھا۔ خدا کا کرنا کیا ہوا کہ شام کو گھر میں ہماری صلح ہو گئی۔ ہم نے کہا، چلو اب مرزا کے ساتھ بگاڑنے سے کیا حاصل؟ چنانچہ دوسرے دن مرزا سے بھی صلح صفائی ہو گئی۔

لیکن میری زندگی تلخ کرنے کے لیے ایک نہ ایک دوست ہمیشہ کارآمد ہوتا ہے۔ ایسا معلوم ہوتا ہے کہ فطرت نے میری طبیعت میں قبولیت اور صلاحیت کوٹ کوٹ کر بھر دی ہے کیونکہ ہماری اہلیہ کو ہم میں ہر وقت کسی نہ کسی دوست کی عادات قبیحہ کی جھلک نظر آتی رہتی ہے یہاں تک کہ میری اپنی ذاتی شخصی سیرت بالکل ہی ناپید ہو چکی ہے

شادی سے پہلے ہم کبھی کبھی دس بجے اٹھا کرتے تھے ورنہ گیارہ بجے۔ اب کتنے بجے اٹھتے ہیں؟ اس کا اندازہ وہی لوگ لگا سکتے ہیں جن کے گھر ناشتہ زبردستی صبح کے سات بجے کرا دیا جاتا ہے اور اگر ہم کبھی بشری کمزوری کے تقاضے سے مرغوں کی طرح تڑکے اُٹھنے میں کوتاہی کریں تو فوراً ہی کہہ دیا جاتا کہ ہے کہ یہ اس نکھٹو نسیم کی صحبت کا نتیجہ ہے۔ ایک دن صبح صبح ہم نہا رہے تھے، سردی کا موسم ہاتھ پاؤں کانپ رہے تھے، صابن سر پر ملتے تھے تو ناک میں گھستا تھا کہ اتنے میں ہم نے خدا جانے کس

پراسرار جذبے کے ماتحت غسل خانے میں الاپنا شروع کیا۔ اور پھر گانے لگے کہ "توری چھل بل ہے نیاری۔۔۔"اس کو ہماری انتہائی بد مذاقی سمجھا گیا، اور اس بد مذاقی کا اصل منبع ہمارے دوست پنڈت جی کو ٹھہرایا گیا۔

لیکن حال ہی میں مجھ پر ایک ایسا سانحہ گزرا ہے کہ میں نے تمام دوستوں کو ترک کر دینے کی قسم کھالی ہے۔

تین چار دن کا ذکر ہے کہ صبح کے وقت روشن آراء نے مجھ سے میکے جانے کے لیے اجازت مانگی۔ جب سے ہماری شادی ہوئی ہے، روشن آراء صرف دو دفعہ میکے گئی ہے اور پھر اس نے کچھ اس سادگی اور عجز سے کہا کہ میں انکار نہ کر سکا۔ کہنے لگی تو پھر میں ڈیڑھ بجے کی گاڑی میں چلی جاؤں؟ میں نے کہا اور کیا؟

وہ جھٹ تیاری میں مشغول ہو گئی اور میرے دماغ میں آزادی کے خیالات نے چکر لگانے شروع کئے۔ یعنی اب بےشک دوست آئیں، بےشک اودھم مچائیں، میں بےشک گاؤں، بےشک جب چاہوں اُٹھوں، بےشک تھیٹر جاؤں، میں نے کہا۔

"روشن آراء جلدی کرو، نہیں تو گاڑی چھوٹ جائے گی۔" ساتھ اسٹیشن پر پر گیا۔ جب گاڑی میں سوار کرا چکا تو کہنے لگی "خط روز لکھتے رہئے!" میں نے کہا"ہر روز اور تم بھی"!

"کھانا وقت پہ کھا لیا کیجئے اور وہاں دھلی ہوئی جرابیں اور رومال الماری کے نچلے خانے میں پڑے ہیں"۔ اس کے بعد ہم دونوں خاموش ہو گئے۔ اور ایک دوسرے کے چہرے کو دیکھتے رہے۔ اس کی آنکھو میں آنسو بھر آئے، میرا دل بھی بیتاب ہونے لگا اور جب گاڑی روانہ ہوئی تو میں دیر تک مبہوت پلیٹ فارم پر کھڑا رہا۔

آخر آہستہ آہستہ قدم اٹھاتا ہوا کتابوں کی دکان تک آیا اور رسالوں کے ورق پلٹ پلٹ کر تصویریں دیکھتا رہا۔ ایک اخبار خریدا، تہہ کر کے جیب ڈالا اور عادت کے مطابق گھر کا ارادہ کیا۔

پھر خیال آیا کہ اب گھر جانا ضروری نہیں رہا۔ اب جہاں چاہوں جاؤں، چاہوں تو گھنٹوں اسٹیشن پر ہی ٹہلتا رہوں، دل چاہتا تھا قلابازیاں کھاؤں۔

کہتے ہیں، جب افریقہ کے وحشیوں کو کسی تہذیب یافتہ ملک میں کچھ عرصہ رکھا جاتا ہے تو گو وہ وہاں کی شان و شوکت سے بہت متاثر ہوتے ہیں۔ لیکن جب واپس جنگلوں میں پہنچتے ہیں تو خوشی کے مارے چیخیں مارتے ہیں۔ کچھ ایسی ہی کیفیت میرے دل کی بھی ہو رہی تھی۔ بھاگتا ہوا اسٹیشن سے آزادانہ باہر نکلا، آزادی کے لہجہ میں تانگے والے کو بلایا اور کود کر تانگے میں سوار ہو گیا۔ سگریٹ سلگا لیا، ٹانگیں سیٹ پر پھیلا دیں اور کلب کو روانہ ہو گیا۔

رستے میں ایک بہت ضروری کام یاد آیا، تانگہ موڑ کر گھر کی طرف پلٹا، باہر ہی سے نوکر کو آواز دی۔

"اسجد"

"حضور"!

"دیکھو، حجام کو جا کے کہہ دو کہ کل گیارہ بجے آئے۔"

"بہت اچھا۔"

"گیارہ بجے سن لیا نا؟ کہیں روز کی طرح پھر چھ بجے وارد نہ ہو جائے۔"

"بہت اچھا حضور۔"

"اور اگر گیارہ بجے سے پہلے آئے، تو دھکے دے کر باہر نکال دو۔"

یہاں سے کلب پہنچے، آج تک کبھی دن کے دو بجے کلب نہ گیا تھا، اندر داخل ہوا تو سنسان۔ آدمی کا نام و نشان تک نہیں سب کمرے دیکھ ڈالیے۔ بلیرڈ کا کمرہ خالی، شطرنج کا کمرہ خالی۔ تاش کا کمرہ خالی، صرف کھانے کے کمرے میں ایک ملازم چھریاں تیز کر رہا تھا۔ اس سے پوچھا"کیوں بے آج کوئی نہیں آیا؟"

کہنے لگا "حضور آپ جانتے ہیں، اس وقت بھلا کون آتا ہے؟"

بہت مایوس ہوا باہر نکل کر سوچنے لگا کہ اب کیا کروں؟ اور کچھ نہ سوجھا تو وہاں سے مرزا صاحب کے گھر پہنچا معلوم ہوا ابھی دفتر سے واپس نہیں آئے، دفتر پہنچا دیکھ کر بہت حیران ہوئے، میں نے سب حال بیان کیا کہنے لگے۔ "تم باہر کے کمرے میں ٹھہرو، تھوڑا سا کام رہ گیا ہے، بس ابھی بھگتا کے تمہارے ساتھ چلتا ہوں، شام کا پروگرام کیا ہے؟"

میں نے کہا۔ "تھیٹر"!

کہنے لگے۔ "بس بہت ٹھیک ہے، تم باہر بیٹھو میں ابھی آیا۔"

باہر کے کمرے میں ایک چھوٹی سی کرسی پڑی تھی، اس پر بیٹھ کر انتظار کرنے لگا اور جیب سے اخبار نکال پڑھنا شروع کر دیا۔ شروع سے آخر تک سب پڑھ ڈالا اور ابھی چار بجنے میں ایک گھنٹہ باقی تھا، پھر سے پڑھنا شروع کر دیا۔ سب اشتہار پڑھ ڈالے اور پھر سب اشتہاروں کو دوبارہ پڑھ ڈالا۔

آخر کار اخبار پھینک کر بغیر کسی تکلف یا لحاظ کے جمائیاں لینے لگا۔ جمائی پہ جمائی۔ جمائی پہ جمائی۔ حتیٰ کہ جبڑوں میں درد ہونے لگا۔

اس کے بعد ٹانگیں ہلانا شروع کیا لیکن اس سے بھی تھک گیا۔

پھر میز پر طبلے کی گتیں بجاتا رہا۔

بہت تنگ آگیا تو دروازہ کھول کر مرزا سے کہا۔ "ابے یار اب چلتا بھی ہے کہ مجھے انتظار ہی میں مار ڈالے گا، مردود کہیں کا، سارا دن میرا ضائع کر دیا۔"

وہاں سے اُٹھ کر مرزا کے گھر گئے۔ شام بڑے لطف میں کٹی۔ کھانا کلب میں کھایا۔ اور وہاں سے دوستوں کو ساتھ لیے تھیٹر گئے، رات کے ڈھائی بجے گھر لوٹے، تکئے پر سر رکھا ہی تھا، کہ نیند نے بےہوش کر دیا۔ صبح آنکھ کھلی تو کمرے میں دھوپ لہریں مار رہی تھی۔ گھڑی کو دیکھا تو پونے گیارہ بجے تھے۔ ہاتھ بڑھا کر میز پر سے ایک سگریٹ اٹھایا اور سلگا کر طشتری میں رکھ دیا اور پھر اونگھنے لگا۔

گیارہ بجے امجد کمرے میں داخل ہوا کہنے لگا "حضور حجام آیا ہے۔"

ہم نے کہا۔ "یہیں بلا لاؤ"۔ یہ عیش مدت بعد نصیب ہوا، کہ بستر میں لیٹے لیٹے حجامت بنوا لیں، اطمینان سے اٹھے اور نہا دھو کر باہر جانے کے لیے تیار ہوئے لیکن طبیعت میں وہ شگفتگی نہ تھی، جس کی امید لگائے بیٹھے تھے، چلتے وقت الماری سے رومال نکالا تو خدا جانے کیا خیال۔ دل میں آیا، وہیں کرسی پر بیٹھ گیا۔ اور سودائیوں کی طرح اس رومال کو دیکھتا رہا۔ الماری کا ایک اور خانہ کھولا تو سردئی رنگ کا ایک ریشمی دوپٹہ نظر آیا۔ باہر نکالا، ہلکی ہلکی عطر کی

خوشبو آ رہی تھی۔ بہت دیر تک اس پر ہاتھ پھیرتا رہا دل بھر آیا، گھر سونا معلوم ہونے لگا۔ بہتر اپنے آپ کو سنبھالا لیکن آنسو ٹپک ہی پڑے۔ آنسوؤں کا گرنا تھا کہ بیتاب ہو گیا۔ اور سچ مچ رونے لگا۔ سب جوڑے باری باری نکال کر دیکھے لیکن نہ معلوم کیا کیا یاد آیا کہ اور بھی بےقرار ہوتا گیا۔

آخر نہ رہا گیا، باہر نکلا اور سیدھا تار گھر پہنچا۔ وہاں سے تار دیا کہ میں بہت اداس ہوں تم فوراً آ جاؤ!

تار دینے کے بعد دل کو کچھ اطمینان ہوا، یقین تھا کہ روشن آراء اب جس قدر جلد ہو سکے گا، آ جائے گی۔ اس سے کچھ ڈھارس بندھ گئی اور دل پر سے جیسے ایک بوجھ ہٹ گیا۔

دوسرے دن دوپہر کو مرزا کے مکان پر تاش کا معرکہ گرم ہونا تھا۔ وہاں پہنچے تو معلوم ہوا کہ مرزا کے والد سے کچھ لوگ ملنے آئے ہیں اس لیے تجویز یہ ٹھہری کہ یہاں سے کسی اور جگہ سرک چلو۔ ہمارا مکان تو خالی تھا ہی، سب یار لوگ وہیں جمع ہوئے۔ امجد سے کہہ دیا گیا کہ حقے میں اگر ذرا بھی خلل واقع ہوا تو تمہاری خیر نہیں۔ اور پان اس طرح سے متواتر پہنچے رہیں کہ بس تانتا لگ جائے۔

اب اس کے بعد کے واقعات کو کچھ مرد ہی اچھی طرح سمجھ سکتے ہیں۔ شروع شروع میں تو تاش باقاعدہ اور با ضابطہ ہوتا رہا۔ جو کھیل بھی کھیلا گیا بہت معقول طریقے سے قواعد و ضوابط کے مطابق اور متانت و سنجیدگی کے ساتھ لیکن ایک دو گھنٹے کے بعد کچھ خوش طبعی شروع ہوئی، یار لوگوں نے ایک دوسرے کے پتے دیکھنے شروع کر دئے۔ یہ حالت تھی کہ آنکھ بچی نہیں اور ایک آدھ کام کا پتہ اُڑا نہیں اور ساتھ ہی قہقہے پر قہقہے اُڑنے لگے۔ تین گھنٹے کے بعد یہ حالت تھی کہ کوئی گھٹنا ہلا ہلا کر گا رہا ہے کوئی فرش

پر بازو ٹیکے بجا رہا ہے۔ کوئی تھیٹر کا ایک آدھ مذاقیہ فقرہ لاکھوں دفعہ دہرا رہا ہے۔ لیکن تاش برابر ہو رہا ہے۔ تھوڑی دیر کے بعد دھول دھپا شروع ہوا، ان خوش فعلیوں کے دوران میں ایک مسخرے نے ایک ایسا کھیل تجویز کر دیا۔ جس کے آخر میں ایک آدمی بادشاہ بن جاتا ہے۔ دوسرا وزیر، تیسرا کوتوال اور جو سب سے ہار جاتا ہے۔ وہ چور۔ سب نے کہا "واہ واہ کیا بات کہی ہے"۔ ایک بولا۔ "پھر آج جو چور بنا، اس کی شامت آ جائے گی"۔ دوسرے نے کہا۔ "اور نہیں تو کیا بھلا کوئی ایسا ویسا کھیل ہے۔ سلطنتوں کے معاملے ہیں سلطنتوں کے"!

کھیل شروع ہوا۔ بدقسمتی سے ہم چور بن گئے۔ طرح طرح کی سزائیں تجویز ہونے لگیں۔ کوئی کہے، "ننگے پاؤں بھاگتے ہوئے جائیے اور حلوائی کی دکان سے مٹھائی خرید کر لائیے"۔ کوئی کہے، "نہیں حضور، سب کے پاؤں پڑئیے، اور ہر ایک سے دو دو چانٹے کھائیے۔" دوسرے نے کہا "نہیں صاحب ایک پاؤں پر کھڑا ہو کر ہمارے سامنے ناچئے۔" آخر میں بادشاہ سلامت بولے۔ "ہم حکم دیتے ہیں کہ چور کو کاغذ کی ایک لمبوتری نوک دار ٹوپی پہنائی جائے اور اس کے چہرے پر سیاہی مل دی جائے۔ اور یہ اس حالت میں جا کر اندر سے حقے کی چلم بھر کر لائے۔" سب نے کہا۔ "کیا دماغ پایا ہے حضور نے۔ کیا سزا تجویز کی ہے! واہ واہ"!

ہم بھی مزے میں آئے ہوئے تھے، ہم نے کہا "تو ہوا کیا؟ آج ہم ہیں کل کسی اور کی باری آ جائے گی۔" نہایت خندہ پیشانی سے اپنے چہرے کو پیش کیا۔ ہنس ہنس کر وہ بیہودہ سی ٹوپی پہنی، ایک شان استغنا کے ساتھ چلم اٹھائی اور زنانے کا دروازہ کھول کر باورچی خانے کو چل دئے اور ہمارے پیچھے کمرہ قہقہوں سے گونج رہا تھا۔

صحن پر پہنچے ہی تھے کہ باہر کا دروازہ کھلا اور ایک برقعہ پوش خاتون اندر داخل ہوئی، منہ سے برقعہ الٹا تو روشن آراء!

دم خشک ہو گیا، بدن پر ایک لرزہ سا طاری ہو گیا، زبان بند ہو گئی، سامنے وہ روشن آراء جس کو میں نے تار دے کر بلایا تھا کہ تم فوراً آ جاؤ میں بہت اداس ہوں اور اپنی یہ حالت کو منہ پر سیاہی ملی ہے، سر پر وہ لمبوتری سی کاغذ کی ٹوپی پہن رکھی ہے اور ہاتھ میں چلم اٹھائے کھڑے ہیں، اور مردانے سے قہقہوں کا شور برابر آ رہا ہے۔

روح منجمد ہو گئی اور تمام حواس نے جواب دے دیا۔ روشن آراء کچھ دیر تک چپکی کھڑی دیکھتی رہی اور پھر کہنے لگی... لیکن میں کیا بتاؤں کہ کیا کہنے لگی؟ اس کی آواز تو میرے کانوں تک جیسے بیہوشی کے عالم میں پہنچ رہی تھی۔

اب تک آپ اتنا تو جان گئے ہوں گے، کہ میں بذات خود از حد شریف واقع ہوا ہوں، جہاں تک میں، میں ہوں مجھ سے بہتر میاں دنیا پیدا نہیں کر سکتی، میری سسرال میں سب کی یہی رائے ہے۔ اور میرا اپنا ایمان بھی یہی ہے لیکن ان دوستوں نے مجھے رسوا کر دیا ہے۔ اس لیے میں نے مصمم ارادہ کر لیا ہے کہ اب یا گھر میں رہوں گا یا کام پر جایا کروں گا۔ نہ کسی سے ملوں گا اور نہ کسی کو اپنے گھر آنے دوں گا سوائے ڈاکیے یا حجام کے۔ اور ان سے بھی نہایت مختصر باتیں کروں گا۔

"خط ہے؟"

"جی ہاں"

"دے جاؤ، چلے جاؤ۔"

"ناخن تراش دو۔"

"بھاگ جاؤ۔"

بس، اس سے زیادہ کلام نہ کروں گا، آپ دیکھئے تو سہی!

مرید پور کا پیر

اکثر لوگوں کو اس بات کا تعجب ہوتا ہے کہ میں اپنے وطن کا ذکر کبھی نہیں کرتا۔ بعض اس بات پر بھی حیران ہیں کہ میں اب کبھی اپنے وطن کو نہیں جاتا۔ جب کبھی لوگ مجھ سے اس کی وجہ پوچھتے ہیں تو میں ہمیشہ بات کو ٹال دیتا ہوں۔ اس سے لوگوں کو طرح طرح کے شبہات ہونے لگتے ہیں۔ کوئی کہتا ہے وہاں اس پر ایک مقدمہ بن گیا تھا اس کی وجہ سے روپوش ہے۔ کوئی کہتا ہے وہاں کہیں ملازم تھا، غبن کا الزام لگا، ہجرت کرتے ہی بنی۔ کوئی کہتا ہے والد اس کی بدعنوانیوں کی وجہ سے گھر میں نہیں گھسنے دیتے۔ غرض یہ کہ جتنے منہ اتنی باتیں۔ آج میں ان سب غلط فہمیوں کا ازالہ کرنے والا ہوں۔ خدا آپ پڑھنے والوں کو انصاف کی توفیق دے۔

قصہ میرے بھتیجے سے شروع ہوتا ہے۔ میرا بھتیجا دیکھنے میں عام بھتیجوں سے مختلف نہیں۔ میری تمام خوبیاں اس میں موجود ہیں اور اس کے علاوہ نئی پود سے تعلق رکھنے کے باعث اس میں بعض فالتو اوصاف نظر آتے ہیں۔ لیکن ایک صفت تو اس میں ایسی ہے کہ آج تک ہمارے خاندان میں اس شدت کے ساتھ کبھی رونما نہیں ہوئی تھی۔ وہ یہ کہ بڑوں کی عزت کرتا ہے۔ اور میں تو اس کے نزدیک بس علم و فن کا ایک دیوتا ہوں۔ یہ خبط اس کے دماغ میں کیوں سمایا ہے؟ اس کی وجہ میں یہی بتا سکتا ہوں کہ نہایت اعلیٰ سے اعلیٰ خاندانوں میں بھی کبھی کبھی ایسا دیکھنے میں آجاتا ہے۔ میں شائستہ سے شائستہ دو زمانوں کے فرزندوں کو بعض وقت

بزرگوں کا اس قدر احترام کرتے دیکھا، کہ ان پر پنچ ذات کا دھوکا ہونے لگتا ہے۔

ایک سال میں کانگریس کے جلسے میں چلا گیا۔ بلکہ یہ کہنا صحیح ہو گا کہ کانگریس کا جلسہ میرے پاس چلا آیا۔ مطلب یہ کہ جس شہر میں، میں موجود تھا وہیں کانگریس والوں نے بھی اپنا سالانہ اجلاس منعقد کرنے کی ٹھان لی۔ میں پہلے بھی اکثر جگہ اعلان کر چکا ہوں، اور اب میں ببانگ دہل یہ کہنے کو تیار ہوں کہ اس میں میرا ذرا بھی قصور نہ تھا۔ بعض لوگوں کو یہ شک ہے کہ میں نے محض اپنی تسکین نخوت کے لیے کانگریس کا جلسہ اپنے پاس ہی کرا لیا لیکن یہ محض حاسدوں کی بدطینتی ہے۔ بھانڈوں کو میں نے اکثر شہر میں بلوایا ہے۔ دو ایک مرتبہ بعض تھیٹروں کو بھی دعوت دی ہے لیکن کانگریس کے مقابلے میں میرا رویہ ہمیشہ ایک گمنام شہری کا سا رہا ہے۔ بس اس سے زیادہ میں اس موضوع پر کچھ نہ کہوں گا۔

جب کانگریس کا سالانہ جلسہ بغل میں ہو رہا ہو تو کون ایسا متقی ہو گا جو وہاں جانے سے گریز کرے، زمانہ بھی تعطیلات اور فرصت کا تھا چنانچہ میں نے مشغلۂ بیکاری کے طور پر اس جلسے کی ایک ایک تقریری سنی۔ دن بھر تو جلسے میں رہتا۔ رات کو گھر آ کر اس دن کے مختصر سے حالات اپنے بھتیجے کو لکھ بھیجتا تاکہ سند رہے اور وقت ضرورت کام آئے۔

بعد کے واقعات سے معلوم ہوتا ہے کہ بھتیجے صاحب میرے ہر خط کو بے حد ادب و احترام کے ساتھ کھولتے، بلکہ بعض بعض باتوں سے تہ ظاہر ہوتا ہے کہ اس افتتاحی تقریب سے پیشتر وہ باقاعدہ وضو بھی کر لیتے۔ خط کو خود پڑھتے پھر

دوستوں کو سناتے۔ پھر اخباروں کے ایجنٹ کی دکان پر مقامی لال بجھکڑوں کے حلقے میں اس کو خوب بڑھا چڑھا کر دہراتے پھر مقامی اخبار کے بےحد مقامی ایڈیٹر کے حوالے کر دیتے جو اس کو بڑے اہتمام کے ساتھ چھاپ دیتا۔ اس اخبار کا نام"مرید پور گزٹ" ہے۔ اس کا مکمل فائل کسی کے پاس موجود نہیں، دو مہینے تک جاری رہا۔ پھر بعض مالی مشکلات کی وجہ سے بند ہو گیا۔ ایڈیٹر صاحب کا حلیہ حسب ذیل ہے۔ رنگ گندمی، گفتگو فلسفیانہ، شکل سے چور معلوم ہوتے ہیں۔ کسی صاحب کو ان کا پتہ معلوم ہو تو مرید پور کی خلافت کمیٹی کو اطلاع پہنچا دیں اور عند اللہ ماجور ہوں۔ نیز کوئی صاحب ان کو ہرگز ہرگز کوئی چندہ نہ دیں ورنہ خلافت کمیٹی ذمہ دار نہ ہو گی۔

یہ بھی سننے میں آیا ہے کہ اس اخبار نے میرے ان خطوط کے بل پر ا یک کانگریس نمبر بھی نکال مارا۔ جو اتنی بڑی تعداد میں چھپا کہ اس کے اوراق اب تک بعض پنساریوں کی دکانوں پر نظر آتے ہیں۔ بہرحال مرید پور کے بچے بچے نے میری قابلیت، انشاء پردازی، صحیح الدماغی اور جوش قومی کی داد دی۔ میری اجازت اور میرے علم کے بغیر مجھ کو مرید پور کا قومی لیڈر قرار دیا گیا۔ ایک دو شاعروں نے مجھ پر نظمیں بھی لکھیں۔ جو وقتاً فوقتاً مرید پور گزٹ میں چھپتی رہیں۔

میں اپنی اس عزت افزائی سے محض بے خبر تھا۔ سچ ہے خدا جس کو چاہتا ہے عزت بخشتا ہے، مجھے معلوم تھا کہ میں اپنے بھتیجے کو محض چند خطوط لکھ کر اپنے ہم وطنوں کے دل میں اس قدر گھر کر لیا ہے۔ اور کسی کو کیا معلوم تھا کہ یہ معمولی سا انسان جو ہر روز چپ چاپ سر نیچا کئے بازاروں میں سے گزر جاتا ہے مرید پور میں پوجا جاتا ہے۔

میں وہ خطوط لکھنے کے بعد کانگریس اور اس کے تمام متعلقات کو قطعاً فراموش کر چکا تھا۔ مرید پور گزٹ کا میں خریدار نہ تھا۔ بھتیجے نے میری بزرگی کے رعب کی وجہ سے بھی برسبیل تذکرہ اتنا بھی نہ لکھ بھیجا کہ آپ لیڈر ہو گئے ہیں۔ میں جانتا ہوں کہ وہ مجھ سے یوں کہتا تو برسوں تک اس کی بات میری سمجھ میں نہ آتی بہرحال مجھے کچھ تو معلوم ہوتا کہ میں ترقی کر کے کہاں سے کہاں پہنچ چکا ہوں۔

کچھ عرصے بعد خون کی خرابی کی وجہ سے ملک میں جا بجا جلسے نکل آئے جس کسی کو ایک میز، ایک کرسی اور گلدان میسر آیا اسی نے جلسے کا اعلان کر دیا۔ جلسوں کے اس موسم میں ایک دن مرید پور کی انجمن نوجوانان ہند کی طرف سے میرے نام اس مضمون کا ایک حظ موصول ہوا کہ آپ کے شہر کے لوگ آپ کے دیدار کے منتظر ہیں۔ ہر کہ دمہ آپ کے روئے انور کو دیکھنے اور آپ کے پاکیزہ خیالات سے مستفید ہونے کے لیے بےتاب ہیں۔ مانا ملک بھر کو آپ کی ذات با برکات کی از حد ضرورت ہے۔ لیکن وطن کا حق سب سے زیادہ ہے۔ کیونکہ "خار وطن از سنبل و ریحان خوشتر۔۔۔" اسی طرح کی تین چار براہین قطعہ کے بعد مجھ سے یہ درخواست کی گئی تھی کہ آپ یہاں آ کر لوگوں کو ہندو مسلم اتحاد کی تلقین کریں۔

خط پڑھ کر میری حیرت کی کوئی انتہا نہ رہی۔ لیکن جب ٹھنڈے دل سے اس بات پر غور کیا تو رفتہ رفتہ باشندگان مرید پور کی مردم شناسی کا قائل ہو گیا۔

میں ایک کمزور انسان ہوں اور پھر لیڈری کا نشہ ایک لمحے ہی میں چڑھ جاتا ہے۔ اس لمحے کے اندر مجھے اپنا وطن

بہت ہی پیارا معلوم ہونے لگا۔ اہل وطن کی بےحسی پر بڑا ترس آیا۔ ایک آواز نے کہا کہ ان بیچاروں کی بہبودی اور رہنمائی کا ذمہ دار تو ہی ہے۔ تجھے خدا نے تدبر کی قوت بخشی ہے۔ ہزارہا انسان تیرے منتظر ہیں۔ اُٹھ کہ سینکڑوں لوگ تیرے لیے ماحضر لئے بیٹھے ہو گے۔ چنانچہ میں نے مرید پور کی دعوت قبول کر لی۔ اور لیڈرانہ انداز میں بذریعہ تار اطلاع دی، کہ پندرہ دن کے بعد فلاں ٹرین سے مرید پور پہنچ جاؤں گا، اسٹیشن پر کوئی شخص نہ آئے۔ ہر ایک شخص کو چاہئے کہ اپنے اپنے کام میں مصروف رہے۔ ہندوستان کو اس وقت عمل کی ضرورت ہے۔

اس کے بعد جلسے کے دن تک میں نے اپنی زندگی کا ایک ایک لمحہ اپنی ہونے والی تقریر کی تیاری میں صرف کر دیا، طرح طرح کے فقرے دماغ میں صبح و شام پھرتے رہے۔

"ہند اور مسلم بھائی بھائی ہیں۔"

"ہندو مسلم شیر و شکر ہیں۔"

"ہندوستان کی گاڑی کے دو پہیے۔ اے میرے دوستو! ہندو اور مسلمان ہی تو ہیں۔"

"جن قوموں نے اتفاق کی رسی کو مضبوط پکڑا، وہ اس وقت تہذیب کے نصف النہار پر ہیں۔ جنہوں نے نفاق اور پھوٹ کی طرف رجوع کیا۔ تاریخ نے اس کی طرف سے اپنی آنکھیں بند کر لی ہیں۔ وغیرہ وغیرہ۔"

بچپن کے زمانے میں کسی درسی کتاب میں "سنا ہے کہ دو بیل رہتے تھے اک جا" والا واقعہ پڑھا تھا۔ اسے نکال کر نئے سرے سے پڑھا اور اس کی تمام تفصیلات کو نوٹ کر لیا۔ پھر یاد آیا، کہ ایک اور کہانی بھی پڑھی تھی، جس میں ایک

شخص مرتے وقت اپنے تمام لڑکوں کو بلا کر لکڑیوں کا ا یک گٹھا ان کے سامنے رکھ دیتا ہے اور ان سے کہتا ہے کہ اس گٹھے کو توڑو۔ وہ توڑ نہیں سکے۔ پھر اس گٹھے کو کھول کر ایک ایک لکڑی ان سب کے ہاتھ میں دے دیتا ہے۔ جسے وہ آسانی سے توڑ لیتے ہیں۔ اس طرح وہ اتفاق کا سبق اپنی اولاد کے ذہن نشین کرتا ہے۔ اس کہانی کو بھی لکھ لیا، تقریر کا آغاز سوچا۔ سو کچھ اس طرح کی تمہید مناسب معلوم ہوئی کہ:

"پیارے ہم وطنو"!

گھٹا سر پہ ادبار کی چھا رہی ہے

فلاکت سماں اپنا دکھلا رہی ہے

نحوست پس و پیش منڈلا رہی ہے

یہ چاروں طرف سے ندا آ رہی ہے

کہ کل کون تھے آج کیا ہو گئے تم

ابھی جاگتے تھے ابھی سو گئے تم

ہندوستان کے جس مایۂ ناز شاعر یعنی الطاف حسین حالی پانی پتی نے آج سے کئی برس پیشتر یہ اشعار قلمبند کئے تھے۔ اس کو کیا معلوم تھا، کہ جوں جوں زمانے گزرتا جائے گا، اس کے المناک الفاظ روزبروز صحیح تر ہوتے جائیں گے۔ آج ہندوستان کی یہ حالت ہے--- وغیرہ وغیرہ۔

اس کے بعد سوچا کہ ہندوستان کی حالت کا ایک دردناک نقشہ کھینچوں گا، افلاس، غربت، بغض وغیرہ کی طرف اشارہ کروں گا اور پھر پوچھوں گا، کہ اس کی وجہ آخر کیا ہے؟ ان تمام وجوہ کو دہراؤں گا، جو لوگ اکثر بیان کرتے ہیں۔ مثلاً

غیرملکی حکومت، آب و ہوا، مغربی تہذیب۔ لیکن ان سب کو باری باری غلط قرار دوں گا، اور پھر اصل وجہ بتاؤں گا کہ اصل وجہ ہندوؤں اور مسلمانوں کا نفاق ہے، آخر میں اتحاد کی نصیحت کروں گا اور تقریر کو اس شعر پر ختم کروں گا کہ:

آ عندلیب مل کے کریں آہ و زاریاں

تو ہائے گل پکار میں چلاؤں ہائے دل

دس بارہ دن اچھی طرح غور کر لینے کے بعد میں نے اس تقریر کا ایک خاکہ سا بنایا۔ اور اس کو ایک کاغذ پر نوٹ کیا، تاکہ جلسے میں اسے اپنے سامنے رکھ سکوں۔ وہ خاکہ کچھ اس طرح کا تھا،

(۱) تمہید اشعار حالی۔ (بلند اور دردناک آواز سے پڑھو۔)

(۲) ہندوستان کی موجودہ حالت۔

(الف) افلاس

(ب) بغض

(ج) قومی رہنماؤں کی خود غرضی

(۳) اس کی وجہ۔

کیا غیرملکی حکومت ہے؟ نہیں۔

کیا آب و ہوا ہے؟ نہیں۔

کیا مغربی تہذیب ہے؟ نہیں۔

تو پھر کیا ہے؟ (وقفہ، جس کے دوران میں مسکراتے ہوئے تمام حاضرین جلسہ پر ایک نظر ڈالو۔)

(۴) پھر بتاؤ، کہ وجہ ہندوؤں اور مسلمانوں کا نفاق ہے۔
(نعروں کے لیے وقفہ۔)

اس کا نقشہ کھینچو۔ فسادات وغیرہ کا ذکر رقت انگیز آواز میں کرو۔

(اس کے بعد شاید پھر چند نعرے بلند ہوں، ان کے لیے ذرا ٹھہر جاؤ۔)

(۵)خاتمہ۔ عام نصائح۔ خصوصیات اتحاد کی تلقین، شعر

(اس کے بعد انکسار کے انداز میں جا کر اپنی کرسی پر بیٹھ جاؤ۔ اور لوگوں کی داد کے جواب میں ایک ایک لمحے کے بعد حاضرین کو سلام کرتے رہو۔)

اس خاکے کو تیار کر چکنے کے بعد جلسے کے دن تک ہر روز اس پر نظر ڈالتا رہا اور آئینے کے سامنے کھڑے ہو کر بعد معرکہ آرا فقروں کی مشق کرتا رہا۔ نمبر ۳ کے بعد کی مسکراہٹ کی خاص مشق بہم پہنچائی۔ کھڑے ہو کر دائیں سے بائیں اور بائیں سے دائیں گھومنے کی عادت ڈالی تاکہ تقریر کے دوران میں آواز سب تک پہنچ سکے اور سب اطمینان کے ساتھ ایک ایک لفظ سن سکیں۔

مرید پور کا سفر آٹھ گھنٹے کا تھا۔ رستے میں سانگا کے اسٹیشن پر گاڑی بدلنی پڑتی تھی۔ انجمن نوجوان ہند کے بعض جوشیلے ارکان وہاں استقبال کو آئے ہوئے تھے۔ انہوں نے ہار پہنائے۔ اور کچھ پھل وغیرہ کھانے کو دئے۔ سانگا سے مرید پور تک ان کے ساتھ اہم سیاسی مسائل پر بحث کرتا رہا۔ جب گاڑی مرید پور پہنچی تو اسٹیشن کے باہر کم از کم تین ہزار آدمیوں کا ہجوم تھا۔ جو متواتر نعرے لگا رہا تھا۔ میرے ساتھ جو والنٹیئر تھے، انہوں نے کہا، "سر باہر نکالئے، لوگ

دیکھنا چاہتے ہیں۔" میں نے حکم کی تعمیل کی۔ ہار میرے گلے میں تھے۔ ایک سنگترہ میرے ہاتھ میں تھا، مجھے دیکھا تو لوگ اور بھی جوش کے ساتھ نعرہ زن ہوئے۔ بمشکل تمام باہر نکلا۔ موٹر پر مجھے سوار کرایا گیا۔ اور جلوس جلسہ گاہ کی طرف پایا۔

جلسہ گاہ میں داخل ہوئے، تو ہجوم پانچ چھ ہزار تک پہنچ چکا تھا۔ جو ایک آواز ہو کر میرا نام لے لے کر نعرے لگاتا رہا تھا۔ دائیں بائیں، سرخ سرخ جھنڈیوں پر مجھ خاکسار کی تعریف میں چند کلمات بھی درج تھے۔ "مثلاً ہندوستان کی نجات تمہیں سے ہے۔" "مرید پور کے فرزند خوش آمدید۔" "ہندوستان کو اس وقت عمل کی ضرورت ہے۔"

مجھ کو اسٹیج پر بٹھایا گیا ہے۔ صدر جلسہ نے لوگوں کے سامنے مجھے سے دوبارہ مصافحہ کیا اور میرے ہاتھ کو بوسہ دیا اور پھر اپنی تعارفی تقریر یوں شروع کی:

"حضرات! ہندوستان کے جس نامی اور بلند پایہ لیڈر کو آج جلسے میں تقریر کرنے کے لیے بلایا گیا ہے۔۔۔"

تقریر کا لفظ سن کر میں نے اپنی تقریر کے تمہیدی فقروں کو یاد کرنے کی کوشش کی۔ لیکن اس وقت ذہن اس قدر مختلف تاثرات کی آماجگاہ بنا ہوا تھا، کہ نوٹ دیکھنے کی ضرورت پڑی۔ جیب میں ہاتھ ڈالا تو نوٹ ندارد۔ ہاتھ پاؤں میں یک لخت ایک خفیف سی خنکی محسوس ہوئی۔ دل کو سنبھالا کہ ٹھہرو، ابھی اور کئی جیبیں ہیں گھبراؤ نہیں رعشے کے عالم میں سب جیبیں دیکھ ڈالیں۔ لیکن کاغذ کہیں نہ ملا۔تمام ہال آنکھوں کے سامنے چکر کھانے لگا، دل نے زور زور سے دھڑکنا شروع کیا، ہونٹ خشک ہوتے محسوس ہوئے۔ دس بارہ دفعہ جیبوں کو ٹٹولا۔ لیکن کچھ بھی ہاتھ نہ آیا جی چاہا کہ زور زور سے

رونا شروع کر دوں۔ بےبسی کے عالم میں ہونٹ کاٹنے لگے، صدر جلسہ اپنی تقریر برابر کر رہے تھے۔

مرید پور کا شہر ان پر جتنا بھی فخر کرے کم ہے ہر صدی اور ہر ملک میں صرف چند ہی آدمی ایسے پیدا ہوتے ہیں، جن کی ذات نوع انسان کے لیے---"

خدایا اب میں کیا کروں گا؟ ایک تو ہندوستان کی حالت کا نقشہ کھینچا ہے۔ اس سے پہلے یہ بتانا ہے، کہ ہم کتنے نالائق ہیں۔ نالائق کا لفظ تو غیر موزوں ہو گا، جاہل کہنا چاہئے، یہ ٹھیک نہیں، غیر مہذب۔

"ان کی اعلیٰ سیاست دانی، ان کا قومی جوش اور مخلصانہ ہمدردی سے کون واقف نہیں۔ یہ سب باتیں تو خیر آپ جانتے ہیں، لیکن تقریر کرنے میں جو ملکہ ان کو حاصل ہے---"

ہاں وہ تقریر کا ہے سے شروع ہوتی ہے؟ ہندو مسلم اتحاد پر تقریر چند نصیحتیں ضرور کرنی ہیں، لیکن وہ تو آخر میں ہیں، وہ بیچ میں مسکرانا کہاں تھا؟

"میں آپ کو یقین دلاتا ہوں، کہ آپ کے دل ہلا دیں گے، اور آپ کو خون کے آنسو رلائیں گے---"

صدر جلسہ کی آواز نعروں میں ڈوب گئیں۔ دنیا میری آنکھوں کے سامنے تاریک ہو رہی تھی۔ اتنے میں صدر نے مجھ سے کچھ کہا مجھے الفاظ بالکل سنائی نہ دئے۔ اتنا محسوس ہوا کہ تقریر کا وقت سر پر آن پہنچا ہے۔ اور مجھے اپنی نشست پر سے اٹھنا ہے۔چنانچہ ایک نامعلوم طاقت کے زیر اثر اٹھا۔ کچھ لڑکھڑایا، پھر سنبھل گیا۔ میرا ہاتھ کانپ رہا تھا۔ ہال میں شور تھا، میں بیہوشی سے ذرا ہی دور تھا۔ اور نعروں کی گونج ان لہروں کے شور کی طرح سنائی دے رہی تھی جو ڈوبتے

ہوئے انسان کے سر پر سے گزر رہی ہوں۔ تقریر شروع کہاں سے ہوتی ہے؟ لیڈروں کی خود غرضی بھی بیان کرنی ہے۔ اور کیا کہنا ہے؟ ایک کہانی بھی تھی بگلے اور لومڑی کی کہانی۔ نہیں ٹھیک ہے دو بیل۔۔۔"

اتنے میں ہال میں سناٹا چھا گیا۔ لوگ سب میری طرف دیکھ رہے تھے۔ میں نے اپنی آنکھیں بند کر لیں اور سہارے کے لیے میز کو پکڑ لیا میرا دوسرا ہاتھ بھی کانپ رہا تھا، وہ بھی میں نے میز پر رکھ دیا۔ اس وقت ایسا معلوم ہو رہا تھا، جیسے میز بھاگنے کو ہے۔ اور میں اسے روکے کھڑا ہوں۔ میں نے آنکھیں کھولیں اور مسکرانے کی کوشش کی، گلا خشک تھا، بصد مشکل میں نے یہ کہا۔

"پیارے ہم وطنو"!

آواز خلاف توقع بہت ہی باریک اور منحنی سی نکلی۔ ایک دو شخص ہنس دئے۔ میں نے گلے کو صاف کیا تو اور کچھ لوگ ہنس پڑے۔ میں نے جی کڑا کر کے زور سے بولنا شروع کیا۔ پھیپھڑوں پر یک لخت جو یوں زور ڈالا تو آواز بہت ہی بلند نکل آئی، اس پر بہت سے لوگ کھل کھلا کر ہنس پڑے۔ ہنسی تھمی، تو میں نے کہا۔

"پیارے ہم وطنو"!

اس کے بعد ذرا دم لیا، اور پھر کہا، کہ:

"پیارے ہم وطنو"!

کچھ نہ آیا، کہ اس کے بعد کیا کہنا ہے۔ سینکڑوں باتیں دماغ میں چکر لگا رہی تھیں، لیکن زبان تک ایک نہ آتی تھی۔

"پیارے ہم وطنو"!

اب کے لوگوں کی ہنسی سے میں بھنا گیا۔ اپنی توہین پر بڑا غصہ آیا۔ ارادہ کیا، کہ اس دفعہ جو منہ میں آیا کہہ دوں گا، ایک دفعہ تقریر شروع کر دوں، تو پھر کوئی مشکل نہیں رہے گی۔

"پیارے ہم وطنو! بعض لوگ کہتے ہیں کہ ہندوستان کی آب و ہوا خراب یعنی ایسی ہے، کہ ہندوستان میں بہت سے نقص ہیں--- سمجھے آپ؟ (وقفہ---) نقص ہیں۔ لیکن یہ بات یعنی امر جس کی طرف میں نے اشارہ کیا ہے گویا چنداں صحیح نہیں۔" (قہقہہ)

حواس معطل ہو رہے تھے، سمجھ میں نہ آتا تھا، کہ آخر تقریر کا سلسلہ کیا تھا۔ یک لخت بیلوں کی کہانی یاد آئی، اور راستہ کچھ صاف ہوتا دکھائی دیا۔

"ہاں تو بات دراصل یہ ہے، کہ ایک جگہ دو بیل اکٹھے رہتے تھے، جو باوجود آب و ہوا اور غیر ملکی حکومت کے۔" (زور کا قہقہہ)

یہاں تک پہنچ کر محسوس کیا، کہ کلام کچھ بے ربط سا ہو رہا ہے۔ میں نے کہا، چلو وہ لکڑی کے گٹھے کی کہانی شروع کر دیں۔

'مثلاً آپ لکڑیوں کے ایک گٹھے کو لیجئے لکڑیاں اکثر مہنگی ملتی ہیں۔ وجہ یہ ہے کہ ہندوستان میں افلاس بہت ہے۔ گویا چونکہ اکثر لوگ غریب ہیں، اس لئے گویا لکڑیوں کا گٹھا یعنی آپ دیکھئے نا۔ کہ اگر۔" (بلند اور طویل قہقہہ)

"حضرات! اگر آپ نے عقل سے کام نہ لیا تو آپ کی قوم فنا ہو جائے گی۔ نحوست منڈلا رہی ہے۔ (قہقہے اور شور و غوغا--- اسے باہر نکالو۔ ہم نہیں سنتے ہیں۔)

شیخ سعدی نے کہا ہے۔ کہ:

چو از قوم یکے بیدانشی کرد

(آواز آئی کیا بکتا ہے۔) خیر اس بات کو جانے دیجئے۔ بہرحال اس بات میں تو کسی کو شبہ نہیں ہو سکتا۔ کہ:

آ عندلیب مل کے کریں آہ و زاریاں

تو ہائے دل پکار میں چلاؤ ہائے گل

اس شعر نے دوران خون کو تیز کر دیا، ساتھ ہی لوگوں کا شور بھی بہت زیادہ ہو گیا۔ چنانچہ میں بڑے جوش سے بولنے لگا:

"جو قومیں اس وقت بیداری کے آسمان پر چڑھی ہوئی ہیں، ان کی زندگیاں لوگوں کے لیے شاہراہ ہیں۔ اور ان کی حکومتیں چار دانگ عالم کی بنیادیں ہلا رہی ہیں۔ (لوگوں کا شور اور ہنسی اور بھی بڑھتی گئی۔) آپ کے لیڈروں کے کانوں پر خود غرضی کی پٹی بندھی ہوئی ہے۔ دنیا کی تاریخ اس بات کی شاہد ہے، کہ زندگی کے وہ تمام شعبے ---"

لیکن لوگوں کا غوغا اور قہقہے اتنے بلند ہو گئے کہ میں اپنی آواز بھی نہ سن سکتا تھا۔ اکثر لوگ اُٹھ کھڑے ہوئے تھے۔ اور گلا پھاڑ پھاڑ کر کچھ کہہ رہے تھے۔ میں سر سے پاؤں تک کانپ رہا تھا۔ ہجوم میں سے کسی شخص نے بارش کے پہلے قطرے کی طرح ہمت کر کے سگریٹ کی ایک خالی ڈبیا مجھ پر پھینک دی۔ اس کے بعد چار پانچ کاغذ کی گولیاں میرے اردگرد اسٹیج پر آگیں، لیکن میں نے اپنی تقریر کا سلسلہ جاری رکھا۔

"حضرات! تم یاد رکھو۔ تم تباہ ہو جاؤ گے! تم دو بیل ہو---"

لیکن جب بوچھاڑ بڑھتی ہی گئی ، تو میں نے اس نامعقول مجمع سے کنارہ کشی ہی مناسب سمجھی۔ اسٹیج سے پھلانگا، اور زقند بھر کے دروازے میں باہر کا رخ کیا، ہجوم بھی میرے پیچھے لپکا۔ میں نے مڑ کر پیچھے نہ دیکھا۔ بلکہ سیدھا بھاگتا گیا۔ وقتاً فوقتاً بعض نامناسب کلمے میرے کانوں تک پہنچ رہے تھے۔ ان کو سن کر میں نے اپنی رفتار اور بھی تیز کر دی۔ اور سیدھا اسٹیشن کا رخ کیا، ایک ٹرین پلیٹ فارم پر کھڑی تھی میں بے تحاشہ اس میں گھس گیا، ایک لمحے کے بعد وہ ٹرین وہاں سے چل دی۔

اُس دن کے بعد آج تک نہ مرید پور نے مجھے مدعو کیا ہے۔ نہ مجھے خود وہاں جانے کی خواہش پیدا ہوئی ہے۔

انجام بخیر

منظر۔۔ ایک تنگ و تاریک کمرہ جس میں بجز ایک پرانی سی میز اور لرزہ بر اندام کرسی کے اور کوئی فرنیچر نہیں۔

زمین پر ایک چٹائی بچھی ہے جس پر بےشمار کتابوں کا انبار لگا ہے۔ اس میں سے جہاں جہاں کتابوں کی پشتیں نظر آتی ہیں وہاں شیکسپیئر، ٹالسٹائے، ورڈزورتھ وغیرہ مشاہیر ادب کے نام دکھائی دے جاتے ہیں۔ باہر کہیں پاس ہی کتے بھونک رہے ہیں۔ قریب ہی ایک برات اُتری ہوئی ہے۔ اس کے بینڈ کی آواز بھی سنائی دے رہی ہے جس کے بجانے والے دق، دمہ، کھانسی اور اس کے دیگر امراض میں مبتلا معلوم ہوتے ہیں۔ ڈھول بجانے والے کی صحت البتہ اچھی ہے۔

پطرس نامی ایک نادار معلم میز پر کام کر رہا ہے۔ نوجوان ہے لیکن چہرے پر گزشتہ تندرستی اور خوش باشی کے آثار صرف کہیں کہیں باقی ہیں،آنکھوں کے گرد سیاہ حلقے پڑے ہوئے ہیں۔ چہرے سے ذہانت پسینہ بن کر ٹپک رہی ہے۔
سامنے لٹکی ہوئی ایک جنتری سے معلوم ہوتا ہے کہ مہینے کی آخری تاریخ ہے۔

باہر سے کوئی دروازہ کھٹکھٹاتاہے۔ پطرس اُٹھ کر دروازہ کھول دیتا ہے۔ تین طالب علم نہایت اعلیٰ لباس زیب تن کئے اندر داخل ہوتے ہیں۔

پطرس۔۔ حضرات اندر تشریف لے آئیے۔ آپ دیکھتے ہیں کہ میرے پاس صرف ایک کرسی ہے۔ لیکن جاہ و حشمت کا خیال بہت پوچ خیال ہے۔ علم بڑی نعمت ہے، لہذا اے میرے فرزندو، اس انبار سے چند ضخیم کتابیں انتخاب کر لو اور ان

کو ایک دوسرے کے اوپر چُن کر ان پر بیٹھ جاؤ۔ علم ہی تم لوگوں کا اوڑھنا اور علم ہی تم لوگوں کا بچھونا ہونا چاہئے۔

(کمرے میں ایک پراسرار سا نور چھا جاتا ہے۔ فرشتوں کے پروں کی پھڑپھڑاہٹ سنائی دیتی ہے)۔

طالب علم۔۔ (تینوں مل کر) اے خدا کے برگزیدہ بندے۔ اے ہمارے محترم استاد۔ ہم تمہارا حکم ماننے کو تیار ہیں۔ علم ہی ہم لوگوں کا اوڑھنا اور علم ہی ہم لوگوں کا بچھونا ہونا چاہئے۔

(کتابوں کو جوڑ کر ان پر بیٹھ جاتے ہیں)

پطرس۔۔ کہو اے ہندوستان کے سپوتو! آج تم کو کون سے علم کی تشنگی میرے دروازے تک کشاں کشاں لے آئی؟

پہلا طالب علم۔۔ اے نیک انسان! ہم آج تیرے احسانوں کا بدلہ اتارنے آئے ہیں۔

دوسرا طالب علم۔۔ اے فرشتے! ہم تیری نوازشوں کا ہدیہ پیش کرنے آئے ہیں۔

تیسرا طالب علم۔۔ اے مہربان! ہم تیری محنتوں کا پھل تیرے پاس لائے ہیں۔

پطرس۔۔ یہ نہ کہو! خود میری محنت ہی میری محنت کا پھل ہے۔ کالج کے مقرر اوقات کے علاوہ جو کچھ میں نے تم کو پڑھایا اس کا معاوضہ مجھے اس وقت وصول ہو گیا جب میں نے تمہاری آنکھوں میں ذکاوت چمکتی دیکھی۔ آہ! تم کیا جانتے ہو کہ تعلیم و تدریس کیسا آسمانی پیشہ ہے۔ تاہم تمہارے الفاظ سے میرے دل میں ایک عجیب مسرت سی بھر گئی ہے۔ مجھ پر اعتماد کرو۔ اور بالکل مت گھبراؤ۔ جو کچھ کہنا ہے تفصیل سے کہو۔

پہلا طالب علم۔۔ (سرو قد اور دست بستہ کھڑا ہو کر) اے محترم استاد!ہم علم کی بے بہا دولت سے محروم تھے، درس کے مقررہ اوقات سے ہماری پیاس نہ بجھ سکتی تھی۔ پولیس اور سول سروس کے امتحانات کی آزمائش کڑی ہے۔ تو نے ہماری دستگیری کی اور ہمارے تاریک دماغوں میں اجالا ہو گیا۔ مقتدر معلم! تو جانتا ہے، آج مہینے کی آخری تاریخ ہے، ہم تیری خدمتوں کا حقیر معاوضہ پیش کرنے آئے ہیں۔ تیرے عالمانہ تجربے اور تیری بزرگانہ شفقت کی قیمت کوئی ادا نہیں کر سکتا۔ تاہم اظہار تشکر کے طور پر جو کم مایہ رقم ہم تیری خدمت میں پیش کریں اسے قبول کر کہ ہماری احسان مندی اس سے کہیں بڑھ کر ہے۔

پطرس۔۔ تمہارے الفاظ سے ایک عجیب بےقراری میرے جسم پر طاری ہو گئی ہے۔

(پہلے طالب علم کا اشارہ پا کر باقی دو طالب علم بھی کھڑے ہو جاتے ہی۔ باہر بینڈ یک لخت زور زور سے بجنے لگتا ہے)۔

پہلا طالب علم۔۔ (آگے بڑھ کر) اسے ہمارے مہربان مجھ حقیر کی نذر قبول کر۔ (بڑے ادب و احترام کے ساتھ اٹھنی پیش کرتا ہے)

دوسرا طالب علم۔ ۔ (آگے بڑھ کر) اسے فرشتے میرے ہدیے کو شرف قبولیت بخش۔ (اٹھنی پیش کرتا ہے)

تیسرا طالب علم۔۔ (آگے بڑھ کر) اے نیک انسان مجھ ناچیز کو مفتخر فرما۔ (اٹھنی پیش کرتا ہے)۔

پطرس۔۔ (جذبات سے بےقابو ہو کر رقت انگیز آواز سے) اے میرے فرزندو! خداوند کی رحمت تم پر نازل ہو۔ تمہاری

سعادت مندی اور فرض شناسی سے میں بہت متاثر ہوا ہوں۔ تمہیں اس دنیا میں آرام اور آخرت میں نجات نصیب ہو۔ اور خدا تمہارے سینوں کو علم کے نور سے منور رکھے۔ (تینوں اٹھنیاں اُٹھا کر میز پر رکھ لیتا ہے)۔

طالب علم۔۔ (تینوں مل کر) اللہ کے برگزیدہ بندے ہم فرض سے سبکدوش ہو گئے۔ اب ہم اجازت چاہتے ہیں کہ گھر پر ہمارے والدین ہمارے لیے بےتاب ہوں گے۔

پطرس۔۔ خدا تمہارا حامی و ناصر ہو اور تمہاری علم کی پیاس اور بھی بڑھتی رہے۔

(طالب علم چلے جاتے ہیں)۔

پطرس۔۔ (تنہائی میں سر بسجود ہو کر) باری تعالیٰ تیرا لاکھ لاکھ شکر ہے کہ تو نے مجھے اپنی ناچیز محبت کے ثمر کے لیے بہت دنوں انتظار میں نہ رکھا۔ تیری رحمت کی کوئی انتہا نہیں لیکن ہماری کم مائیگی اس سے بھی کہیں بڑھ کر ہے۔ یہ تیرا ہی فضل و کرم ہے کہ تو میرے وسیلے سے اوروں کو بھی رزق پہنچاتا ہے اور جو ملازم میری خدمت کرتا ہے اس کا بھی کفیل تو نے مجھ ہی کو بنا رکھا ہے۔ تیری رحمت کی کوئی انتہا نہیں اور تیری بخشش ہمیشہ ہمیشہ جاری رکھنے والی ہے۔

(کمرے میں پھر ایک پراسرار سی روشنی چھا جاتی ہے اور فرشتوں کے پروں کی پھڑپھڑاہٹ سنائی دیتی ہے)۔

کچھ دیر کے بعد پطرس سجدے سے سر اٹھاتا ہے اور ملازم کو آواز دیتا ہے۔

پطرس۔۔ اے خدا کے دیانت دار اور محنتی بندے! ذرا یہاں تو آئیو!

ملازم۔۔ (باہر سے) اے میرے خوش خصال آقا! میں کھانا پکا کر آؤں گا کہ تعجیل شیطان کا کام ہے۔

(ایک طویل وقفہ جس کے دوران درختوں کے سائے پہلے سے دگنے لمبے ہو گئے ہیں)۔

پطرس۔۔ آہ انتظار کی گھڑیاں کس قدر شیریں ہیں۔ کتوں کے بھونکنے کی آواز کس خوش اسلوبی سے بینڈ کی آواز کے ساتھ مل رہی ہے۔

(سر بسجود گر پڑ تا ہے)۔

پھر اٹھ کر میز کے سامنے بیٹھ جاتا ہے۔ اٹھنیوں پر نظر پڑتی ہے ان کو فوراً کتاب کے نیچے چھپا دیتا ہے۔

پطرس۔۔ آہ! مجھے زر و دولت سے نفرت ہے۔ خدایا میرے دل کو دنیا کی لالچ سے پاک رکھیو!

(ملازم اندر آتا ہے)۔

پطرس۔۔ اے مزدور پیشہ انسان مجھے تم پر رحم آتا ہے کہ ضیائے علم کی ایک کرن بھی کبھی تیرے سینے میں داخل نہ ہوئی۔ تاہم خداوند تعالیٰ کے دربار میں تم ہم سب برابر ہیں، تو جانتا ہے آج مہینے کی آخری تاریخ ہے، تیری تنخواہ کی ادائیگی کا وقت سر پر آگیا۔ خوش ہو کہ آج تجھے اپنی مشقت کا معاوضہ مل جائے گا۔ یہ تین اٹھنیاں قبول کر اور باقی کے ساڑھے اٹھارہ روپے کے لیے کسی لطیفہ غیبی کا انتظار کرو۔ دنیا امید پر قائم ہے اور مایوسی کفر ہے۔

(ملازم اٹھنیاں زور سے زمین پر پھینک کر گھر سے باہر نکل جاتا ہے۔ بینڈ زور سے بجنے لگتا ہے)۔

پطرس۔۔ خدایا تکبر کے گناہ سے ہم سب کو بچائے رکھ اور ادنیٰ طبقے کے لوگوں کا سا غرور ہم سے دور رکھ! (پھر کام مشغول ہو جاتا ہے)۔

باورچی خانے میں کھانا جلنے کی ہلکی ہلکی بو آ رہی ہے۔۔۔ ایک طویل وقفہ جس کے دوران میں درختوں کے سائے چوگنے لمبے ہو گئے ہیں۔ بینڈ بدستور بج رہا ہے۔ یک لخت باہر سڑک پر موٹروں کے آ کر رک جانے کی آواز سنائی دیتی ہے۔ تھوڑی دیر بعد کوئی شخص دروازے پر دستک دیتا ہے۔

پطرس۔۔ (کام پر سے سر اٹھا کر) اے شخص تو کون ہے؟

ایک آواز۔۔ (باہر سے) حضور میں غلاموں کا غلام ہوں اور باہر دست بستہ کھڑا ہوں کہ اجازت ہو تو اندر آؤں اور عرض حال کروں۔

پطرس۔۔ (دل میں) میں اس آواز سے ناآشنا ہوں لیکن لہجے سے پایا جاتا ہے کہ بولنے والا کوئی شائستہ شخص ہے۔ خدایا یہ کون ہے (بلند آواز سے) اندر آ جائیے۔

(دروازہ کھلتا ہے اور ایک شخص لباس فاخرہ پہنے اندر داخل ہوتا ہے گو چہرے سے وقار ٹپک رہا ہے لیکن نظریں زمین دوز ہیں۔ ادب و احترام سے ہاتھ باندھے کھڑا ہے)۔

پطرس۔۔ آپ دیکھتے ہیں کہ میرے پاس صرف ایک ہی کرسی ہے لیکن جاہ و حشمت کا خیال بہت پوچ خیال ہے۔ علم بڑی نعمت ہے۔ لہذا اے محترم اجنبی اس انبار میں سے چند ضخیم کتابیں انتخاب کر لو اور ان کو ایک دوسرے کے اوپر چن کر ان پر بیٹھ جاؤ۔ علم ہی لوگوں کا اوڑھنا بچھونا اور علم ہی ہم لوگوں کا بچھونا ہونا چاہئے۔

اجنبی۔۔ اے برگزیدہ شخص میں تیرے سامنے کھڑے رہنے ہی میں اپنی سعادت سمجھتا ہوں۔

پطرس۔۔ تمہیں کون سے علم کی تشنگی میرے دروازے تک کشاں کشاں لے آئی؟

اجنبی۔۔ اے ذی علم محترم! گو تم میری صورت سے واقف نہیں لیکن میں شعبہ تعلیم کا افسر اعلیٰ ہوں اور شرمندہ ہوں کہ میں آج تک کبھی نیاز حاصل کرنے کے لیے حاضر نہ ہوا۔ میری اس کوتاہی اور غفلت کو اپنے علم و فضل کے صدقے معاف کر دو۔

(آبدیدہ ہو جاتا ہے)۔

پطرس۔۔ اے خدا کیا یہ سب وہم ہے کیا میری آنکھیں دھوکا کھا رہی ہیں!

اجنبی۔۔ مجھے تعجب نہیں کہ تم میرے آنے کو وہم سمجھو کیونکہ آج تک ہم نے تم جیسے نیک اور برگزیدہ انسان سے اس قدر غفلت برتی کہ مجھے خود اچنبھا معلوم ہوتا ہے لیکن مجھ پر یقین کرو میں فی الحقیقت یہاں تمہاری خدمت میں کھڑا ہوں اور تمہاری آنکھیں تمہیں ہرگز دھوکہ نہیں دے رہیں۔ اے شریف اور غم زدہ انسان یقین نہ ہو تو میرے چٹکی لے کر میرا امتحان لے لو۔

(پطرس اجنبی کے چٹکی لیتا ہے۔ اجنبی بہت زور سے چیختا ہے)۔

پطرس۔۔ ہاں مجھے اب کچھ کچھ یقین آگیا ہے لیکن حضور والا آپ کا یہاں قدم رنجہ فرمانا میرے لیے اس قدر باعث فخر ہے کہ مجھے ڈر ہے کہ کہیں میں دیوانہ نہ ہو جاؤں۔

اجنبی۔۔ ایسے الفاظ کہہ کر مجھے کانٹوں میں نہ گھسیٹو اور یقین جانو کہ میں اپنی گزشتہ خطاؤں پر بہت نادم ہوں۔

پطرس۔۔ (مبہوت ہو کر) مجھے اب کیا حکم ہے؟

اجنبی۔۔ میری اتنی مجال کہاں کہ میں آپ کو حکم دوں البتہ ایک عرض ہے اگر آپ منظور کر لیں تو میں اپنے آپ کو دنیا کا سب سے خوش نصیب انسان سمجھوں۔

پطرس۔۔ آپ فرمائیے میں سن رہا ہوں گو مجھے یقین نہیں کہ یہ عالم بیداری ہے۔

اجنبی تالی بجاتا ہے چھ خدام بڑے بڑے صندوق اٹھا کر اندر داخل ہوتے ہیں اور زمین پر رکھ کر بڑے ادب سے کورنش بجا لا کر باہر چلے جاتے ہیں۔

(صندوقوں کے ڈھکنے کھول کر) میں بادشاہ معظم۔۔ شاہزادہ ویلز، وائسرائے ہند اور کمانڈر انچیف ان چاروں کی ایما پر یہ تحائف آپ کی خدمت میں آپ کے علم و فضل کی قدردانی کے طور پر لے کر حاضر ہوا ہوں (بھرائی ہوئی آواز سے) ان کو قبول کیجئے اور مجھے مایوس واپس نہ بھیجئے ورنہ ان سب کا دل ٹوٹ جائے گا۔

پطرس۔۔ (صندوق کو دیکھ کر) سونا! اشرفیاں! جواہرات! مجھے یقین نہیں آتا (آیت الکرسی پڑھنے لگتا ہے)۔

اجنبی۔۔ ان کو قبول کیجئے اور مجھے مایوس واپس نہ بھیجئے۔ (آنسو ٹپ ٹپ کرتے ہیں)۔

(گانا۔ آج موری انکھیاں پل نہ لاگیں)۔

پطرس۔۔ اے اجنبی! تیرے آنسو کیوں گر رہے ہیں اور تو کیوں گا رہا ہے؟ معلوم ہوتا ہے تجھے اپنے جذبات پر قابو نہیں۔ یہ

کمزوری کی نشانی ہے۔ خدا تجھے تقویت اور ہمت دے۔ میں خوش ہوں کہ تو اور تیرے آقا علم سے اس قدر محبت رکھتے ہیں۔ بس اب جا کہ ہمارے مطالعے کا وقت ہے۔ کل کالج میں اپنے لیکچروں سے ہمیں چار پانسو روحوں کو خواب جہالت سے جگانا ہے۔

اجنبی۔۔ (سسکیاں بھرتے ہوئے) مجھے اجازت ہو تو میں بھی حاضر ہو کر آپ کے خیالات سے مستفید ہوں۔

پطرس۔۔ خدا تمہارا حامی و ناصر ہو اور تمہارے علم کی پیاس اور بھی بڑھتی رہے۔

(اجنبی رخصت ہو جاتا ہے۔ پطرس صندوقوں کو کھوئی ہوئی نظروں سے دیکھتا رہتا ہے اور پھر ایک یک لخت مسرت کی ایک چیخ مار کر گر پڑتا ہے اور مر جاتا ہے۔ کمرے میں ایک پراسرار نور چھا جاتا ہے۔ اور فرشتوں کے پروں کی پھڑپھڑاہٹ سنائی دیتی ہے۔ باہر بینڈ بدستور بج رہا ہے)۔

سینما کا عشق

"سینما کا عشق" عنوان تو عجب ہوس خیز ہے۔ لیکن افسوس کہ اس مضمون سے آپ کی تمام توقعات مجروح ہوں گی۔ کیونکہ مجھے تو اس مضمون میں کچھ دل کے داغ دکھانے مقصود ہیں۔ اس سے آپ یہ نہ سمجھئے کہ مجھے فلموں سے دلچسپی نہیں یا سینما کی موسیقی اور تاریکی میں جو ارمان انگیزی ہے میں اس کا قائل نہیں۔ میں تو سینما کے معاملے میں اوائل عمر ہی سے بزرگوں کا مورد عتاب رہ چکا ہوں لیکن آج کل ہمارے دوست مرزا صاحب کی مہربانیوں کے طفیل سینما گویا میری دکھتی رگ بن کر رہ گیا ہے۔ جہاں اس کا نام سن پاتا ہوں بعض درد انگیز واقعات کی یاد تازہ ہو جاتی ہے جس سے رفتہ رفتہ میری فطرت ہی کج بین بن گئی ہے۔ اول تو خدا کے فضل سے ہم کبھی سینما وقت پر نہیں پہنچ سکے۔ اس میں میری سستی کو ذرا دخل نہیں یہ سب قصور ہمارے دوست مرزا صاحب کا ہے جو کہنے کو تو ہمارے دوست ہیں لیکن خدا شاہد ہے ان کی دوستی سے جو نقصان ہمیں پہنچے ہیں کسی دشمن کے قبضہ قدرت سے بھی باہر ہوں گے۔

جب سینما جانے کا ارادہ ہو ہفتہ بھر پہلے سے انہیں کہہ رکھتا ہوں کہ کیوں بھئی مرزا اگلی جمعرات سینما چلو گے نا؟ میری

مراد یہ ہوتی ہے کہ وہ پہلے سے تیار رہیں اور اپنی تمام مصروفیتیں کچھ اس ڈھب سے ترتیب دے لیں کہ جمعرات کے دن ان کے کام میں کوئی ہرج واقع نہ ہو لیکن وہ جواب میں عجب قدر نا شناسی سے فرماتے ہیں:

"ارے بھئی چلیں گے کیوں نہیں؟ کیا ہم انسان نہیں؟ ہمیں تفریح کی ضرورت نہیں ہوتی؟ اور پھر کبھی ہم نے تم سے آج تک ایسی بےمروتی بھی برتی ہے کہ تم نے چلنے کو کہا ہو اور ہم نے تمہارا ساتھ نہ دیا ہو؟"

ان کی تقریر سن کر میں کھسیانا سا ہو جاتا ہوں۔ کچھ دیر چپ رہتا ہوں اور پھر دبی زبان سے کہتا ہوں:

"بھئی اب کے ہو سکا تو وقت پر پہنچیں گے۔ ٹھیک ہے نا؟"

میری یہ بات عام طور پر ٹال دی جاتی ہے کیونکہ اس سے ان کا ضمیر کچھ تھوڑا سا بیدار ہو جاتا ہے۔ خیر میں بھی بہت زور نہیں دیتا۔ صرف ان کو بات سمجھانے کے لیے اتنا کہہ دیتا ہوں:

"کیوں بھئی سینما آج کل چھ بجے شروع ہوتا ہے نا؟"

مرزا صاحب عجیب معصومیت کے انداز میں جواب دیتے ہیں۔ "بھئی ہمیں یہ معلوم نہیں۔"

"میرا خیال ہے چھ ہی بجے شروع ہوتا ہے۔"

"اب تمہارے خیال کی تو کوئی سند نہیں۔"

"نہیں مجھے یقین ہے چھ بجے شروع ہوتا ہے۔"

"تمہیں یقین ہے تو میرا دماغ کیوں مفت میں چاٹ رہے ہو؟"

اس کے بعد آپ ہی کہئے میں کیا بولوں؟

خیر جناب جمعرات کے دن چار بجے ہی ان کے مکان کو روانہ ہو جاتا ہوں اس خیال سے کہ جلدی جلدی انہیں تیار کرا کے وقت پر پہنچ جائیں۔ دولت خانے پر پہنچتا ہوں تو آدم نہ آدم زاد۔ مردانے کے سب کمروں میں گھوم جاتا ہوں۔ ہر کھڑکی میں سے جھانکتا ہوں ہر شگاف میں سے آوازیں دیتا ہوں لیکن کہیں سے رسید نہیں ملتی آخر تنگ آ کر ان کے کمرے میں بیٹھ جاتا ہوں۔ وہاں دس منٹ سیٹیاں بجاتا رہتا ہوں۔ دس پندرہ منٹ پنسل سے بلاٹنگ پیپر پر تصویریں بناتا رہتا ہوں پھر سگریٹ سلگا لیتا ہوں اور باہر ڈیوڑھی میں نکل کر ادھر اُدھر جھانکتا ہوں۔ وہاں بدستور ہو کا عالم دیکھ کر کمرے میں واپس آ جاتا ہوں اور اخبار پڑھنا شروع کر دیتا ہوں۔ ہر کالم کے بعد مرزا صاحب کو ایک آواز دے لیتا ہوں۔ اس امید پر کہ شاید ساتھ کے کمرے میں یا عین اوپر کے کمرے میں تشریف لے آئے ہوں۔ سو رہے تھے تو ممکن ہے جاگ اٹھے ہوں۔ یا نہا رہے تھے تو شاید غسل خانے سے باہر نکل آئے ہوں۔ لیکن میری آواز مکان کی وسعتوں میں سے گونج کر واپس آ جاتی ہے آخرکار ساڑھے پانچ بجے کے قریب زنانے سے تشریف لاتے ہیں۔ میں اپنے کھولتے ہوئے خون پر قابو میں لا کر متانت اور اخلاق کو بڑی مشکل سے مد نظر رکھ کر پوچھتا ہوں:

"کیوں حضرات آپ اندر ہی تھے؟"

"ہاں میں اندر ہی تھا۔"

"میری آواز آپ نے نہیں سنی؟"

"اچھا یہ تم تھے؟ میں سمجھا کوئی اور ہے؟"

آنکھیں بند کر کے سر کو پیچھے ڈال لیتا ہوں اور دانت پیس کر غصے کو پی جاتا ہوں اور پھر کانپتے ہوئے ہونٹوں سے پوچھتا ہوں:

"تو اچھا اب چلیں گے یا نہیں؟"

"وہ کہاں"؟

"ارے بندۂ خدا آج سینما نہیں جانا؟"

"ہاں سینما۔ سینما۔ (یہ کہہ کر وہ کرسی پر بیٹھ جاتے ہیں) ٹھیک ہے۔ سینما۔ میں بھی سوچ رہا تھا کہ کوئی نہ کوئی بات ضرور ایسی ہے جو مجھے یاد نہیں آتی اچھا ہوا تم نے یاد دلایا ورنہ مجھے رات بھر الجھن رہتی۔"

"تو چلو پھر اب چلیں۔"

"ہاں وہ تو چلیں ہی گے میں سوچ رہا تھا کہ آج ذرا کپڑے بدل لیتے۔ خدا جانے دھوبی کم بخت کپڑے بھی لایا ہے یا نہیں۔ یار ان دھوبیوں کا تو کوئی انتظام کرو۔"

اگر قتل انسانی ایک سنگین جرم نہ ہوتا تو ایسے موقع پر مجھ سے ضرور سرزد ہو جاتا لیکن کیا کروں اپنی جوانی پر رحم کھاتا ہوں بےبس ہوتا ہوں صرف یہی کر سکتا ہوں کہ: "مرزا بھئی للہ مجھ پر رحم کرو۔ میں سینما چلنے کو آیا ہوں دھوبیوں کا انتظام کرنے نہیں آیا۔ یار بڑے بدتمیز ہو پونے چھ بج چکے ہیں اور تم جوں کے توں بیٹھے ہو۔"

مرزا صاحب عجب مربیانہ تبسم کے ساتھ کرسی پر سے اٹھتے ہیں گویا یہ ظاہر کرنا چاہتے ہیں کہ اچھا بھئی تمہاری طفلانہ خواہشات آخر ہم پوری کر رہی دیں۔ چنانچہ پھر یہ کہہ کر اندر تشریف لے جاتے ہیں کہ اچھا کپڑے پہن آؤں۔

مرزا صاحب کے کپڑے پہنے کا عمل اس قدر طویل ہے کہ اگر میرا اختیار ہوتا قانون کی رو سے انہیں کبھی کپڑے اتارنے ہی نہ دیتا۔ آدھ گھنٹے کے بعد وہ کپڑے پہنے ہوئے تشریف لاتے ہیں۔ ایک پان منہ میں دوسرا ہاتھ میں، میں بھی اٹھ کھڑا ہوتا ہوں۔ دروازے تک پہنچ کر مڑ کر جو دیکھتا ہوں تو مرزا صاحب غائب۔ پھر اندر آ جاتا ہوں مرزا صاحب کسی کونے میں کھڑے کچھ کرید رہے ہوتے ہیں۔ "ارے بھئی چلو۔"

"چل تو رہا ہوں یار، آخر اتنی بھی کیا آفت ہے؟"

"اور یہ تم کیا کر رہے ہو؟"

"پان کے لیے ذرا تمباکو لے رہا تھا۔"

تمام راستے مرزا صاحب چہل قدمی فرماتے جاتے ہیں۔ میں ہر دو تین لمحے کے بعد اپنے آپ کو ان سے چارپانچ قدم آگے پاتا ہوں۔ کچھ دیر ٹھہر جاتا ہوں وہ ساتھ آ ملتے ہیں تو پھر چلنا شروع کر دیتا ہوں پھر آگے نکل جاتا ہوں پھر ٹھہر جاتا ہوں۔ غرض یہ کہ گو چلتا دوگنی تگنی رفتار سے ہوں لیکن پہنچتا ان کے ساتھ ہی ہوں۔

ٹکٹ لے کر اندر داخل ہوتے ہیں تو اندھیرا گھپ، بہتیرا آنکھیں جھپکتا ہوں کچھ سجھائی نہیں دیتا۔ ادھر سے کوئی آواز دیتا ہے۔ "یہ دروازہ بند کر دو جی!" یا اللہ اب جاؤں کہاں۔ رستہ، کرسی، دیوار، آدمی، کچھ بھی تو نظر نہیں آتا۔ ایک قدم بڑھاتا ہوں تو سر ان بالٹیوں سے جا ٹکراتا ہے جو آگ بجھانے کے لیے دیوار پر لٹکی رہتی ہیں، تھوڑی دیر کے بعد تاریکی میں کچھ دھندلے سے نقش دکھائی دینے لگتے ہیں۔ جہاں ذرا تاریک تر سا دھبہ دکھائی دے جائے۔ وہاں سمجھتا ہوں خالی کرسی ہو گی خمیدہ پشت ہو کر اس کا رخ کرتا ہوں، اس کے پاؤں کو پھاند کر اس کے ٹخنوں کو ٹھکرا خواتین کے گھٹنوں

سے دامن بچا۔ آخرکار کسی گود میں جا کر بیٹھتا ہوں وہاں سے نکال دیا جاتا ہوں اور لوگوں کے دھکوں کی مدد سے کسی خالی کرسی تک جا پہنچتا ہوں مرزا صاحب سے کہتا ہوں: "میں نہ بکتا تھا کہ جلدی چلو خوامخواہ میں ہم کو رسوا کروا دیا نا! گدھا کہیں کا!" اس شگفتہ بیانی کے بعد معلوم ہوتا ہے کہ ساتھ کی کرسی پر جو حضرت بیٹھے ہیں اور جن کو مخاطب کر رہا ہوں وہ مرزا صاحب نہیں کوئی اور بزرگ ہیں۔ اب تماشے کی طرف متوجہ ہوں اور سمجھنے کی کوشش کرتا ہوں کہ فلم کون سا ہے اس کی کہانی کیا ہے اور کہاں تک پہنچ چکی ہے اور سمجھ میں صرف اس قدر آتا ہے کہ ایک مرد اور ایک عورت جو پردے پر بغلگیر نظر آتے ہیں ایک دوسرے کو چاہتے ہوں گے۔ اس انتظار میں رہتا ہوں کہ کچھ لکھا ہوا سامنے آئے تو معاملہ کھلے کہ اتنے میں سامنے کی کرسی پر بیٹھے ہوئے حضرات ایک وسیع و فراخ انگڑائی لیتے ہیں جس کے دوران میں کم از کم دو تین سو فٹ فلم گزر جاتا ہے۔ جب انگڑائی کو لپیٹ لیتے ہیں تو سر کو کھجانا شروع کر دیتے ہیں اور اس عمل کے بعد ہاتھ کو سر سے نہیں ہٹاتے بلکہ بازو کو ویسے خمیدہ رکھتے ہیں۔ میں مجبوراً سر کو نیچا کر کے چائے دانی کے اس دستے کے بیچ میں سے اپنی نظر کے لیے راستہ نکال لیتا ہوں اور اپنے بیٹھنے کے انداز سے بالکل ایسا معلوم ہوتا ہے جیسے ٹکٹ خریدے بغیر اندر گھس آیا ہوں اور چوروں کی طرح بیٹھا ہوا ہوں۔ تھوڑی دیر کے بعد انہیں کرسی کی نشست پر کوئی مچھر یا پسو محسوس ہوتا ہے چنانچہ وہ دائیں سے ذرا اونچے ہو کر بائیں طرف کو جھک جاتے ہیں۔ میں مصیبت کا مارا دوسری طرف جھک جاتا ہوں۔ ایک دو لمحے کے بعد وہی مچھر دوسری طرف ہجرت کر جاتا ہے چنانچہ ہم دونوں

پھر سے پینترا بدل لیتے ہیں۔ غرض یہ کہ یہ دل لگی یوں ہی جاری رہتی ہے وہ دائیں تو میں بائیں اور وہ بائیں تو میں دائیں ان کو کیا معلوم کہ اندھیرے میں کیا کھیل کھیلا جا رہا ہے۔ دل یہی چاہتا ہے کہ اگلے درجے کا ٹکٹ لے کر ان کے آگے جا بیٹھوں۔ اور کہوں کہ لے بیٹا دیکھوں تو اب تو کیسے فلم دیکھتا ہے۔

پیچھے سے مرزا صاحب کی آواز آتی ہے: "یار تم سے نچلا نہیں بیٹھا جاتا۔ اب ہمیں ساتھ لائے ہو تو فلم تو دیکھنے دو۔"

اس کے بعد غصے میں آ کر آنکھیں بند کر لیتا ہوں اور قتل عمد، خودکشی، زہر خورانی وغیرہ معاملات پر غور کرنے لگتا ہے۔ دل میں، میں کہتا ہوں کہ ایسی کی تیسی اس فلم کی۔ سو سو قسمیں کھاتا ہوں کہ پھر کبھی نہ آؤں گا۔ اور اگر آیا بھی تو اس کم بخت مرزا سے ذکر تک نہ کروں گا۔ پانچ چھ گھنٹے پہلے سے آ جاؤں گا۔ اوپر کے درجے میں سب سے اگلی قطار میں بیٹھوں گا۔ تمام وقت اپنی نشست پر اچھلتا رہوں گا! بہت بڑے طرے والی پگڑی پہن کر آؤں گا اور اپنے اوور کوٹ کو دو چھڑیوں پر پھیلا کر لٹکا دوں گا! بہرحال مرزا کے پاس تک نہیں پھٹکوں گا!

لیکن اس کم بخت دل کو کیا کروں۔ اگلے ہفتے پھر کسی اچھی فلم کا اشتہار دیکھ کر پاتا ہوں تو سب سے پہلے مرزا کے ہاں جاتا ہوں اور گفتگو پھر وہیں سے شروع ہوتی ہے کہ کیوں بھئی اگلی جمعرات سے سینما چلو گے نا؟

میبل اور میں

میبل لڑکیوں کے کالج میں تھی، لیکن ہم دونوں کیمبرج یونیورسٹی میں ایک ہی مضمون پڑھتے تھے۔ اس لیے اکثر لیکچروں میں ملاقات ہو جاتی تھی۔ اس کے علاوہ ہم دوست بھی تھے۔ کئی دلچسپیوں میں ایک دوسرے کے شریک ہوتے تھے۔ تصویروں اور موسیقی کا شوق اسے بھی تھا، میں بھی ہمہ دانی کا دعویدار اکثر گیلریوں یا کانسرٹوں میں اکھٹے جایا کرتے تھے۔ دونوں انگریزی ادب کے طالب علم تھے۔ کتابوں کے متعلق باہم بحث و مباحثے رہتے۔ ہم میں سے اگر کوئی نئی کتاب یا نیا "مصنف" دریافت کرتا تو دوسرے کو ضرور اس سے آگاہ کر دیتا۔ اور پھر دونوں مل کر اس پر اچھے برے کا حکم صادر کرتے۔

لیکن اس تمام یک جہتی اور ہم آہنگی میں ایک خلش ضرور تھی۔ ہم دونوں نے بیسویں صدی میں پرورش پائی تھی۔ عورت اور مرد کی مساوات کے قائل تو ضرور تھے تاہم اپنے خیالات میں اور بعض اوقات اپنے روئیے میں ہم کبھی نہ کبھی اس کی تکذیب ضرور کر دیتے تھے۔ بعض حالات کے ماتحت میبل ایسی رعایات کو اپنا حق سمجھتی جو صرف صنف ضعیف ہی کے ایک فرد کو ملنی چاہئیں اور بعض اوقات میں تحکم اور رہنمائی کا رویہ اختیار کر لیتا۔ جس کا مطلب یہ تھا کہ گویا ایک مرد ہونے کی حیثیت سے میرا فرض یہی ہے۔ خصوصاً مجھے یہ احساس بہت زیادہ تکلیف دیتا تھا کہ میبل کا مطالعہ مجھ سے بہت وسیع ہے۔ اس سے میرے مردانہ وقار کو صدمہ پہنچتا تھا۔ کبھی کبھی میرے جسم کے اندر میرے ایشیائی آباء و اجداد کا خون جوش مارتا اور میرا دل

جدید تہذیب سے باغی ہو کر مجھ سے کہتا کہ مرد اشرف المخلوقات ہے۔ اس طرح میبل عورت مرد کی مساوات کا اظہار مبالغہ کے ساتھ کرتی تھی۔ یہاں تک کہ بعض اوقات ایسا معلوم ہوتا کہ وہ عورتوں کو کائنات کی رہبر اور مردوں کو حشرات الارض سمجھتی ہے۔

لیکن اس بات کو میں کیونکر نظرانداز کرتا کہ میبل ایک دن دس بارہ کتابیں خریدتی، اور ہفتہ بھر کے بعد انہیں میرے کمرے میں پھینک کر چلی جاتی اور ساتھ ہی کہہ جاتی کہ میں انہیں پڑھ چکی ہوں۔ تم بھی پڑھ چکو گے تو ان کے متعلق باتیں کریں گے۔

اول تو میرے لیے ایک ہفتہ میں دس بارہ کتابیں ختم کرنا محال تھا، لیکن فرض کیجئے مردوں کی لاج رکھنے کے لیے راتوں کی نیند حرام کر کے ان سب کو پڑھ ڈالنا ممکن بھی ہوتا تو بھی ان میں دو یا تین کتابیں فلسفے یا تنقید کی ضروری ایسی ہوتیں کہ ان کو سمجھنے کے لیے مجھے کافی عرصہ درکار ہوتا۔ چنانچہ ہفتے بھر کی جانفشانی کے بعد ایک عورت کے سامنے اس بات کا اعتراف کرنا پڑتا کہ میں اس دوڑ میں پیچھے رہ گیا ہوں۔ جب تک وہ میرے کمرے میں بیٹھی رہتی، میں کچھ کھسیانا سا ہو کر اس کی باتیں سنتا رہتا، اور وہ نہایت عالمانہ انداز میں بھویں اوپر کو چڑھا چڑھا کر باتیں کرتی۔ جب میں اس کے لیے دروازہ کھولتا یا اس کے سگریٹ کے لیے دیا سلائی جلاتا یا اپنی سب سے زیادہ آرام دہ کرسی اس کے لیے خالی کر دیتا تو وہ میری خدمات کو حق نسوانیت نہیں بلکہ حق استادی سمجھ کر قبول کرتی۔

میبل کے چلے جانے کے بعد ندامت بتدریج غصے میں تبدیل ہو جاتی۔ جان یا مال ایثار سہل ہے، لیکن آن کی خاطر نیک

سے نیک انسان بھی ایک نہ ایک دفعہ تو ضرور ناجائز ذرائع کے استعمال پر اتر آتا ہے۔ اسے میری اخلاقی پستی سمجھئے۔ لیکن یہی حالت میری بھی ہو گئی۔ اگلی دفعہ جب میبل سے ملاقات ہوئی تو جو کتابیں میں نے نہیں پڑھی تھیں، ان پر بھی میں نے رائے زنی شروع کر دی۔ لیکن جو کچھ کہتا سنبھل سنبھل کر کہتا تھا تفصیلات کے متعلق کوئی بات منہ سے نہ نکالتا تھا، سرسری طور پر تنقید کرتا تھا اور بڑی ہوشیاری اور دانائی کے ساتھ اپنی رائے کو جدت کا رنگ دیتا تھا۔

کسی ناول کے متعلق میبل نے مجھ سے پوچھا تو جواب میں نہایت لا ابالیانہ کہا:

"ہاں اچھی ہے، لیکن ایسی بھی نہیں۔ مصنف سے دور جدید کا نقطہ نظر کچھ نبھ نہ سکا، لیکن پھر بھی بعض نکتے نرالے ہیں، بری نہیں، بری نہیں۔"

کنکھیوں سے میبل کی طرف دیکھتا گیا لیکن اسے میری ریاکاری بالکل معلوم نہ ہونے پائی۔ ڈرامے کے متعلق کہا کرتا تھا:

"ہاں پڑھا تو ہے لیکن ابھی تک میں یہ فیصلہ نہیں کر سکا کہ جو کچھ پڑھنے والے کو محسوس ہوتا ہے وہ اسٹیج پر جا کر بھی باقی رہے گا یا نہیں؟ تمہارا کیا خیال ہے؟"

اور اس طرح سے اپنی آن بھی قائم رہتی اور گفتگو کا بار بھی میبل کے کندھوں پر ڈال دیتا۔

تنقید کی کتابوں کے بارے میں فرماتا:

"اس نقاد پر اٹھارہویں صدی کے نقادوں کا کچھ کچھ اثر معلوم ہوتا ہے۔ لیکن یوں ہی نامعلوم سا کہیں کہیں۔ بالکل ہلکا سا اور

شاعری کے متعلق اس کا رویہ دلچسپ ہے، بہت دلچسپ، بہت دلچسپ۔"

رفتہ رفتہ مجھے اس فن پر کمال حاصل ہو گیا۔ جس روانی اور نفاست کے ساتھ میں ناخواندہ کتابوں پر گفتگو کر سکتا تھا اور اس پر میں خود حیران رہ جاتا تھا، اس سے جذبات کو ایک آسودگی نصیب ہوئی۔

اب میں میبل سے نہ دبتا تھا، اسے بھی میرے علم و فضل کا متعارف ہونا پڑا۔ وہ اگر ہفتہ میں دس کتابیں پڑھتی تھی، تو میں صرف دو دن کے بعد ان سب کتابوں کی رائے زنی کر سکتا تھا۔ اب اس کے سامنے ندامت کا کوئی موقع نہ تھا۔ میری مردانہ روح میں اس احسان فتح مندی سے بالیدگی سی آ گئی تھی۔ اب میں اس کے لیے کرسی خالی کرتا یا دیا سلائی جلاتا تو عظمت و برتری کے احساس کے ساتھ جیسے ایک تجربہ کار تنومند نوجوان ایک نادان کمزور بچی کی حفاظت کر رہا ہو۔

صراط مستقیم پر چلنے والے انسان میرے اس فریب کو نہ سراہیں تو نہ سراہیں، لیکن میں کم از کم مردوں کے طبقے سے اس کی داد ضرور چاہتا ہوں۔ خواتین میری اس حرکت کے لیے مجھ پر دہری دہری لعنتیں بھیجیں گی کہ ایک تو میں نے مکاری اور جھوٹ سے کام لیا اور دوسرے ایک عورت کو دھوکہ دیا۔ ان کی تسلی کے لیے میں یہ کہنا چاہتا ہوں کہ آپ یقین مانئے کئی دفعہ تنہائی میں، میں نے اپنے آپ کو برا بھلا کہا۔ بعض اوقات اپنے آپ سے نفرت ہونے لگتی۔ ساتھ ہی اس بات کا بھلانا بھی مشکل ہو گیا کہ میں بغیر پڑھے ہی علمیت جتاتا رہتا ہوں، میبل تو یہ سب کتابیں پڑھ چکنے کے بعد گفتگو کرتی ہے تو بہرحال اس کو مجھ پر تفوق تو ضرور

حاصل ہے، میں اپنی کم علمی ظاہر نہیں ہونے دیتا۔ لیکن حقیقت تو یہی نا کہ میں وہ کتابیں نہیں پڑھتا، میری جہالت اس کے نزدیک نہ سہی، میرے اپنے نزدیک تو مسلّم ہے۔ اس خیال سے اطمینان قلب پھر مفقود ہو جاتا اور اپنا آپ ایک عورت کے مقابلے میں پھر حقیر نظر آنے لگتا۔ پہلے تو میبل کو صرف ذی علم سمجھتا تھا۔ اب وہ اپنے مقابلے میں پاکیزگی اور راست بازی کی دیوی بھی معلوم ہونے لگی۔

علالت کے دوران میرا دل زیادہ نرم ہو جاتا ہے۔ بخار کی حالت میں کوئی بازاری سال ناول پڑھتے وقت بھی بعض اوقات میری آنکھوں سے آنسو جاری ہو جاتے ہیں۔ صحت یاب ہو کر مجھے اپنی اس کمزوری پر ہنسی آتی ہے لیکن اُس وقت اپنی کمزوری کا احساس نہیں ہوتا۔ میری بدقسمتی کہ ان ہی دنوں مجھے خفیف سا انفلوئنزا ہوا، مہلک نہ تھا، بہت تکلیف دہ بھی نہ تھا، تاہم گزشتہ زندگی کے تمام چھوٹے چھوٹے گناہ کبیرہ بن کر نظر آنے لگے۔ میبل کا خیال آیا تو ضمیر نے سخت ملامت کی، اور میں بہت دیر تک بستر پر پیچ و تاب کھاتا رہا۔ شام کے وقت میبل کچھ پھول لے کر آئی۔ خیریت پوچھی، دوا پلائی، ماتھے پر ہاتھ رکھا، میرے آنسو ٹپ ٹپ گرنے لگے۔ میں نے کہا، (میری آواز بھرائی ہوئی تھی) "میبل مجھے خدا کے لیے معاف کر دو۔" اس کے بعد میں نے اپنے گناہ کا اعتراف کیا اور اپنے آپ کو سزا دینے کے لیے میں نے اپنی مکاری کی ہر ایک تفصیل بیان کر دی۔ ہر اس کتاب کا نام لیا، جس پر میں نے بغیر پڑھے لمبی لمبی فاضلانہ تقریریں کی تھیں۔ میں نے کہا "میبل، پچھلے ہفتے جو تین کتابیں تم مجھے دے گئی تھیں، ان کے متعلق میں تم سے کتنی بحث کرتا رہا ہوں۔ لیکن میں نے ان کا ایک لفظ بھی نہیں

پڑھا، میں نے کوئی نہ کوئی بات ایسی ضرور کہی ہو گی، جس سے میرا پول تم پر کھل گیا ہو گا۔"

کہنے لگی۔ "نہیں تو"۔

میں نے کہا۔ "مثلاً ناول تو میں نے پڑھا ہی نہ تھا، کریکٹروں کے متعلق جو کچھ بک رہا تھا وہ سب من گھڑت تھا۔"

کہنے لگی۔ "کچھ ایسا غلط بھی نہ تھا۔"

میں نے کہا۔ "پلاٹ کے متعلق میں نے یہ خیال ظاہر کیا تھا کہ ذرا ڈھیلا ہے۔ یہ بھی ٹھیک تھا؟"

کہنے لگی۔ "ہاں، پلاٹ کہیں کہیں ڈھیلا ضرور ہے۔"

اس کے بعد میری گزشتہ فریب کاری پر وہ اور میں دونوں ہنستے رہے۔ میبل رخصت ہونے لگی تو بولی۔ "تو وہ کتابیں میں لیتی جاؤں؟"

میں نے کہا۔ "ایک تائب انسان کو اپنی اصلاح کا موقع تو دو، میں نے ان کتابوں کو اب تک نہیں پڑھا لیکن اب انہیں پڑھنے کا ارادہ رکھتا ہوں۔ انہیں یہیں رہنے دو۔ تم تو انہیں پڑھ چکی ہو۔"

کہنے لگی۔ "ہاں میں تو پڑھ چکی ہوں۔ اچھا میں یہیں چھوڑ جاتی ہوں۔"

اس کے چلے جانے کے بعد میں ان کتابوں کو پہلی دفعہ کھولا، تینوں میں سے کسی کے ورق تک نہ کٹے تھے۔ میبل نے بھی انہیں ابھی تک نہ پڑھا تھا!

مجھے مرد اور عورت دونوں کی برابری میں کوئی شک باقی نہ رہا۔

مرحوم کی یاد میں

ایک دن مرزا صاحب اور میں برآمدے میں ساتھ ساتھ کرسیاں ڈالے چپ چاپ بیٹھے تھے۔ جب دوستی بہت پرانی ہو جائے تو گفتگو کی چنداں ضرورت باقی نہیں رہتی۔ اور دوست ایک دوسرے کی خاموشی سے لطف اندوز ہو سکتے ہیں۔ یہی حالت ہماری تھی۔ ہم دونوں اپنے اپنے خیالات میں غرق تھے۔ مرزا صاحب تو خدا جانے کیا سوچ رہے تھے۔ لیکن میں زمانے کی ناسازگاری پر غور کر رہا تھا۔ دور سڑک پر تھوڑے تھوڑے وقفے کے بعد ایک موٹرکار گزر جاتی تھی۔ میری طبیعت کچھ ایسی واقع ہوئی ہے کہ میں جب کبھی کسی موٹرکار کو دیکھوں، مجھے زمانے کی ناسازگاری کا خیال ضرور ستانے لگتا ہے۔ اور میں کوئی ایسی ترکیب سوچنے لگتا ہوں جس سے دنیا کی تمام دولت سب انسانوں میں برابر برابر تقسیم کی جا سکے۔ اگر میں سڑک پر پیدل جا رہا ہوں اور کوئی موٹر اس ادا سے سے گزر جائے کہ گرد و غبار میرے پھیپھڑوں، میرے دماغ، میرے معدے اور میری تلّی تک پہنچ جائے تو اس دن میں گھر آ کر علم کیمیا کی وہ کتاب نکل لیتا ہوں جو میں نے ایف۔اے میں پڑھی تھی۔ اور اس غرض سے اُس کا مطالعہ کرنے لگتا ہوں کہ شاید بم بنانے کا کوئی نسخہ ہاتھ آ جائے۔

میں کچھ دیر تک آہیں بھرتا رہا۔ مرزا صاحب نے کچھ توجہ نہ کی۔ آخر میں نے خاموشی کو توڑا اور مرزا صاحب سے مخاطب ہو کر کہا۔

"مرزا صاحب۔ ہم میں اور حیوانوں میں کیا فرق ہے؟"

مرزا صاحب بولے۔ "بھئی کچھ ہو گا ہی نا آخر۔"

میں نے کہا۔ "میں بتاؤں تمہیں؟"

کہنے لگے۔ "بولو"۔

میں نے کہا۔ "کوئی فرق نہیں۔ سنتے ہو مرزا؟ کوئی فرق نہیں۔ ہم میں اور حیوانوں میں--- کم از کم مجھ میں اور حیوانوں میں کوئی فرق نہیں! ہاں ہاں میں جانتا ہوں تم مین میخ نکالنے میں بڑے طاق ہو۔ کہہ دو گے۔ حیوان جگالی کرتے ہیں، تم جگالی نہیں کرتے۔ ان کے دم ہوتی ہے۔ تمہاری دم نہیں۔ لیکن ان باتوں سے کیا ہوتا ہے؟ ان سے تو صرف یہی ثابت ہوتا ہے کہ وہ مجھ سے افضل ہیں لیکن ایک بات میں، میں اور وہ بالکل برابر ہیں۔ وہ بھی پیدل چلتے ہیں اور میں بھی پیدل چلتا ہوں۔ اس کا تمہارے پاس کیا جواب ہے؟ جواب نہیں۔ کچھ ہے تو کہو۔ بس چپ ہو جاؤ۔ تم کچھ نہیں کر سکے۔ جب سے میں پیدا ہوا ہوں اور اس دن سے پیدل چل رہا ہوں۔

پیدل۔۔ تم پیدل کے معنی نہیں جانتے۔ پیدل کے معنی ہیں سینۂ زمین پر اس طرح سے حرکت کرنا کہ دونوں پاؤں میں ایک ضرور زمین پر رہے۔ یعنی تمام عمر میرے حرکت کرنے کا طریقہ یہی رہا ہے کہ ایک پاؤں زمین پر رکھتا ہوں اور دوسرا اٹھاتا ہوں۔ دوسرا رکھتا ہوں پہلا اٹھاتا ہوں۔ ایک آگے ایک پیچھے، ایک پیچھے ایک آگے۔ خدا کی قسم اس طرح زندگی سے دماغ سوچنے کے قابل نہیں رہتا۔ حواس بیکار ہو جاتے ہیں۔ تخیل مر جاتا ہے۔ آدمی گدھے سے بدتر ہو جاتا ہے۔"

مرزا صاحب میری اس تقریر کے دوران میں کچھ اس بے پروائی سے سگریٹ پیتے رہے کہ دوستوں کی بے وفائی پر رونے کو دل چاہتا تھا۔ میں نے از حد حقارت اور نفرت کے

ساتھ منہ ان کی طرف پھیر لیا۔ ایسا معلوم ہوتا تھا کہ مرزا کو میری باتوں پر یقین ہی نہیں آتا۔ گویا میں اپنی جو تکالیف بیان کر رہا ہوں وہ محض خیالی ہیں یعنی میرا پیدل چلنے کے خلاف شکایت کرنا قابل توجہ ہی نہیں۔ یعنی میں کسی سواری کا مستحق ہی نہیں۔ میں نے دل میں کہا۔ "اچھا مرزا یوں ہی سہی۔ دیکھو تو میں کیا کرتا ہوں۔"

میں نے اپنے دانت پچی کر لیے اور کرسی کے بازو پر سے جھک کر مرزا کے قریب پہنچ گیا۔ مرزا نے بھی سر میری طرف موڑا۔ میں مسکرا دیا لیکن میرے تبسم کا میں زہر ملا ہوا تھا۔

جب مرزا سننے کے لیے بالکل تیار ہو گیا تو میں نے چبا چبا کر کہا۔

"مرزا میں ایک موٹرکار خریدنے لگا ہوں۔"

یہ کہہ کر میں بڑے استغنا کے ساتھ دوسری طرف دیکھنے لگا۔

مرزا پھر بولے۔ "کیا کہا تم نے؟ کیا خریدنے لگے ہو؟"

میں نے کہا۔ "سنا نہیں تم نے۔ ایک موٹرکار خریدنے لگا ہوں۔ موٹرکار ایک ایسی گاڑی ہے جس کو بعض لوگ موٹر کہتے ہیں، بعض لوگ کار کہتے ہیں لیکن چونکہ تم ذرا کند ذہن ہو، اس لیے میں نے دونوں لفظ استعمال کر دئے۔ تاکہ تمہیں سمجھنے میں کوئی دقت پیش نہ آئے"۔

مرزا بولے۔ "ہوں"۔

اب کے مرزا نہیں میں بے پروائی سے سگریٹ پینے لگا۔ بھویں میں نے اوپر کو چڑھا لیں۔ پھر سگریٹ والا ہاتھ منہ

تک اس انداز سے لاتا اور لے جاتا تھا کہ بڑے بڑے ایکٹر اس پر رشک کریں۔

تھوڑی دیر کے بعد مرزا بولے۔ "ہوں"۔

میں سوچا اثر ہو رہا ہے۔ مرزا صاحب پر رعب پڑ رہا ہے۔ میں چاہتا تھا، مرزا کچھ بولے۔ تاکہ مجھے معلوم ہو، کہاں تک مرعوب ہوا ہے لیکن مرزا نے پھر کہا۔ "ہوں"۔

میں نے کہا۔ "مرزا جہاں تک مجھے معلوم ہے تم نے ا سکول اور کالج اور گھر پر دو تین زبانیں سیکھی ہیں۔ اور اس کے علاوہ تمہیں کئی ایسے الفاظ بھی آتے ہیں جو کسی ا سکول یا کالج یا شریف گھرانے میں نہیں بولے جاتے۔ پھر بھی اس وقت تمہارا کلام "ہوں" سے آگے نہیں بڑھتا۔ تم جلتے ہو۔ مرزا اس وقت تمہاری جو ذہنی کیفیت ہے، اس کو عربی زبان میں حسد کہتے ہیں۔"

مرزا صاحب کہنے لگے۔ "نہیں یہ بات تو نہیں، میں تو صرف خریدنے کے لفظ پر غور کر رہا تھا۔ تم نے کہا میں ایک موٹرکار خریدنے لگا ہوں تو میاں صاحب زادے خریدنا تو ایک ایسا فعل ہے کہ اس کے لیے روپے وغیرہ کی ضرورت ہوتی ہے۔ وغیرہ کا بندوبست تو بخوبی ہو جائے گا۔ لیکن روپے کا بندوبست کیسے کرو گے؟"

یہ نکتہ مجھے بھی نہ سوجھا تھا لیکن میں نے ہمت نہ ہاری۔ میں نے کہا۔ "میں اپنی کئی قیمتی اشیاء بیچ سکتا ہوں۔"

مرزا بولے۔ "کون کون سی مثلاً؟"

میں نے کہا۔ "ایک تو میں سگریٹ کیس بیچ ڈالوں گا۔"

مرزا کہنے لگے۔ "چلو دس آنے تو یہ ہو گئے، باقی ڈھائی تین ہزار کا انتظام بھی طرح ہو جائے تو سب کام ٹھیک ہو جائے گا۔"

اس کے بعد ضروری یہی معلوم ہوا کہ گفتگو کا سلسلہ کچھ دیر کے لیے روک دیا جائے۔ چنانچہ میں مرزا سے بیزار ہو کر خاموش ہو رہا۔ یہ بات سمجھ میں نہ آئی کہ لوگ روپیہ کہاں سے لاتے ہیں۔ بہت سوچا۔ آخر اس نتیجے پر پہنچا کہ لوگ چوری کرتے ہیں۔ اس سے ایک گونہ اطمینان ہوا۔

مرزا بولے۔ "میں تمہیں ایک ترکیب بتاؤں ایک بائسیکل لے لو۔"

میں نے کہا۔ وہ روپیہ کا مسئلہ تو پھر بھی جوں کا توں رہا۔"

کہنے لگے۔ "مفت"۔

میں نے حیران ہو کر پوچھا۔ "مفت وہ کیسے؟"

کہنے لگے۔ "مفت ہی سمجھو۔ آخر دوست سے قیمت لینا بھی کہاں کی شرافت ہے۔ البتہ تم احسان قبول کرنا گوارا نہ کرو تو اور بات ہے۔"

ایسے موقع پر جو ہنسی میں ہنستا ہوں، اس میں معصوم بچے کی مسرت، جوانی کی خوش دلی، ابلتے ہوئے فواروں کی موسیقی، بلبلوں کا نغمہ سب ایک دوسرے کے ساتھ ملے ہوتے ہیں۔ چنانچہ میں یہ ہنسی ہنسا۔ اور اس طرح ہنسا کہ کھلی ہوئی باچھیں پھر گھنٹوں تک اپنی اصلی جگہ پر واپس نہ آئیں۔ جب مجھے یقین ہو گیا کہ یک لخت کوئی خوشخبری سننے سے دل کی حرکت بند ہو جانے کا جو خطرہ ہوتا ہے اس سے محفوظ ہوں، تو میں نے پوچھا۔ "کس کی؟"

مرزا بولے۔ "میرے پاس ایک بائیسکل پڑی ہے تم لے لو۔"

میں نے کہا۔ "پھر کہنا پھر کہنا"!

کہنے لگے۔ بھئی ایک بائیسکل میرے پاس ہے جب میری ہے، تو تمہاری ہے، تم لے لو۔"

یقین مانئے مجھ پر گھڑوں پانی پڑ گیا۔ شرم کے مارے میں پسینہ پسینہ ہو گیا۔ چودھویں صدی میں ایسی بے غرضی اور ایثار بھلا کہاں دیکھنے میں آتا ہے۔ میں نے کرسی سرکا کر مرزا کے پاس کر لی، سمجھ میں نہ آیا کہ اپنی ندامت اور ممنونیت کا اظہار کن الفاظ میں کروں۔

میں نے کہا۔ "مرزا صاحب سب سے پہلے تو میں اس گستاخی اور درشتی اور بے ادبی کے لیے معافی مانگتا ہوں، جو ابھی میں نے تمہارے ساتھ گفتگو میں روا رکھی، دوسرے میں آج تمہارے سامنے ایک اعتراف کرنا چاہتا ہوں اور امید کرتا ہوں کہ تم میری صاف گوئی کی داد دو گے اور مجھے اپنی رحم دلی کے صدقے معاف کر دو گے۔ میں ہمیشہ تم کو از حد کمینہ، ممسک، خودغرض اور عیار انسان سمجھتا رہا ہوں۔ دیکھو ناراض مت ہو۔ انسان سے غلطی ہوہی جاتی ہے۔ لیکن آج تم نے اپنی شرافت اور دوست پروری کا ثبوت دیا ہے اور مجھ پر ثابت کر دیا ہے کہ میں کتنا قابل نفرت، تنگ خیال اور حقیر شخص ہوں، مجھے معاف کر دو۔"

میری آنکھوں میں آنسو بھر آئے۔ قریب تھا کہ میں مرزا کے ہاتھ بوسہ دیتا اور اپنے آنسوؤں کو چھپانے کے لیے اس کی گود میں سر رکھا دیتا، لیکن مرزا صاحب کہنے لگے۔

"واہ اس میں میری فیاضی کیا ہوتی، میرے پاس ایک بائیسکل ہے، جیسے میں سوار ہوا، ویسے تم سوار ہوئے۔"

میں نے کہا۔ "مرزا، مفت میں نہ لوں گا، یہ ہر گز نہیں ہو سکتا۔"

مرزا کہنے لگے۔ "بس میں اسی بات سے ڈرتا تھا، تم حساس اتنے ہو کہ کسی کا احسان لینا گوارا نہیں کرتے حالانکہ خدا گواہ ہے، احسان اس میں کوئی نہیں۔"

میں نے کہا۔ "خیر کچھ بھی سہی، تم سچ مچ مجھے اس کی قیمت بتا دو۔"

مرزا بولے۔ "قیمت کا ذکر کر کے تم گویا مجھے کانٹوں میں گھسیٹتے ہو اور جس قیمت پر میں نے خریدی تھی، وہ تو بہت زیادہ تھی اور اب تو وہ اتنے کی رہی بھی نہیں۔"

میں نے پوچھا۔ "تم نے کتنے میں خریدی تھی؟"

کہنے لگے، "میں نے پونے دو سو روپے میں لی تھی، لیکن اُس زمانے میں بائیسکلوں کا رواج ذرا کم تھا، اس لیے قیمتیں ذرا زیادہ تھیں۔"

میں نے کہا۔ "کیا بہت پرانی ہے؟"

بولے۔ "نہیں ایسی پرانی بھی کیا ہوتی، میرا لڑکا اس پر کالج آیا جایا کرتا تھا، اور اسے کالج چھوڑے ابھی دو سال بھی نہیں ہوئے، لیکن اتنا ضرور ہے کہ آج کل کی بائیسکلوں سے ذرا مختلف ہے، آج کل تو بائیسکلیں ٹین کی بنتی ہے۔ جھنیں کالج کے سرپھرے لونڈے سستی سمجھ کر خرید لیتے ہیں۔ پرانی بائیسکلوں کے ڈھانچے مضبوط ہوا کرتے تھے۔"

"مگر مرزا پونے دو سو روپے تو میں ہرگز نہیں دے سکتا، اتنے روپے میرے پاس کہاں سے آئے، میں تو اس سے آدھی قیمت بھی نہیں دے سکتا۔"

مرزا کہنے لگے۔ "تو میں تم سے پوری قیمت تھوڑی مانگتا ہوں، اول تو قیمت لینا نہیں چاہتا لیکن۔۔۔"

میں نے کہا۔ "نہ مرزا قیمت تو تمہیں لینی پڑے گی۔ اچھا تم یوں کرو میں تمہاری جیب میں کچھ روپے ڈال دیتا ہوں تم گھر جا کے گن لینا، اگر تمہیں منظور ہوئے تو کل بائیسکل بھیج دینا ورنہ روپے واپس کر دینا، اب یہاں بیٹھ کر میں تم سے سودا چکاؤں، یہ تو کچھ دکان داروں کی سی بات معلوم ہوتی ہے۔"

مرزا بولے۔ "بھئی جیسے تمہاری مرضی، میں تو اب بھی یہی کہتا ہوں کہ قیمت ویمت جانے دو لیکن میں جانتا ہوں کہ تم نہ مانو گے۔"

میں اٹھ کر اندر کمرے میں آیا، میں نے سوچا استعمال شدہ چیز کی لوگ عام طور پر آدھی قیمت دیتے ہیں لیکن جب میں نے مرزا سے کہا تھا کہ مرزا میں تو آدھی قیمت بھی نہیں دے سکتا تو مرزا اس پر معترض نہ ہوا تھا، وہ بیچارہ تو بلکہ یہی کہتا تھا کہ تم مفت ہی لے لو، لیکن مفت میں کیسے لے لوں۔ آخر بائیسکل ہے۔ ایک سواری ہے۔ فٹنوں اور گھوڑوں، اور موٹروں اور تانگوں کے زمرے میں شمار ہوتی ہے۔ بکس کھولا تو معلوم ہوا کہ ہست و بود کل چھیالیس روپے ہیں۔ چھیالیس روپے تو کچھ ٹھیک رقم نہیں۔ پینتالیس یا پچاس ہوں، جب بھی بات ہے۔ پچاس تو ہو نہیں سکتے۔ اور اگر پینتالیس ہی دینے ہیں تو چالیس کیوں نہ دئے جائیں۔ جن رقموں کے آخر میں صفر آتا ہے وہ رقمیں کچھ زیادہ معقول معلوم ہوتی ہیں بس ٹھیک ہے، چالیس روپے دے دوں گا۔ خدا کرے مرزا قبول کر لے۔

باہر آیا چالیس روپے مٹھی میں بند کر کے میں نے مرزا کی جیب میں ڈال دئے اور کہا۔ "مرزا اس کو قیمت نہ سمجھنا۔ لیکن اگر ایک مفلس دوست کی حقیر سی رقم منظور کرنا تمہیں اپنی توہین معلوم نہ ہو تو کل بائیسکل بھجوا دینا"۔

مرزا چلنے لگے تو میں نے پھر کہا کہ مرزا کل ضرور صبح ہی صبح بھجوا دینا رخصت ہونے سے پہلے میں نے پھر ایک دفعہ کہا۔ "کل صبح آٹھ نو بجے تک پہنچ جائے، دیر نہ کر دینا... خدا حافظ... اور دیکھو مرزا میرے تھوڑے سے روپوں کو بھی زیادہ سمجھنا... خدا حافظ... اور تمہارا بہت بہت شکریہ، میں تمہارا بہت ممنون ہوں اور میری گستاخی کو معاف کر دینا، دیکھو نا کبھی یوں ہی بے تکلفی میں... کل صبح آٹھ نو بجے تک... ضرور... خدا حافظ..."

مرزا کہنے لگے۔ "ذرا اس کو جھاڑ پونچھ لینا اور تیل وغیرہ ڈلوا لینا۔ میرے نوکر کو فرصت ہوئی تو خود ہی ڈلوا دوں گا، ورنہ تم خود ہی ڈلوا لینا"۔

میں نے کہا۔ "ہاں ہاں وہ سب کچھ ہو جائے گا، تم کل بھیج ضرور دینا اور دیکھنا آٹھ بجے تک ساڑھے آٹھ سات بجے تک پہنچ جائے۔ "اچھا... خدا حافظ"!

رات کو بستر پر لیٹا تو بائیسکل پر سیر کرنے کے مختلف پروگرام تجویز کرتا رہا۔ یہ ارادہ تو پختہ کر لیا کہ دو تین دن کے اندر اندر اردگرد کی تمام مشہور تاریخی عمارات اور کھنڈروں کو نئے سرے سے دیکھ ڈالوں گا۔ اس کے بعد اگلے گرمی کے موسم میں ہو سکا تو بائیسکل پر کشمیر وغیرہ کی سیر کروں گا۔ صبح صبح کی ہوا خوری کے لیے ہر روز نہر تک جایا کروں گا۔ شام کو ٹھنڈی سڑک پر جہاں اور لوگ سیر کو نکلیں گے میں بھی سڑک کی صاف شفاف سطح پر ہلکے

ہلکے خاموشی کے ساتھ ہاتھی دانت کی ایک گیند کی مانند گزر جاؤں گا۔ ڈوبتے ہوئے آفتاب کی روشنی بائیسکل کے چمکیلے حصوں پر پڑے گی تو بائیسکل جگمگا اُٹھے گی اور ایسا معلوم ہو گا جیسے ایک راج ہنس زمین کے ساتھ ساتھ اُڑ رہا ہے۔ وہ مسکراہٹ جس کا میں اوپر ذکر کر چکا ہوں ابھی تک میرے ہونٹوں پر کھیل رہی تھی، بارہا دل چاہا کہ ابھی بھاگ کر آؤں اور اسی وقت مرزا کو گلے لگا لوں۔

رات کو خواب میں دعائیں مانگتا رہا کہ خدایا مرزا بائیسکل دینے پر رضامند ہو جائے۔ صبح اٹھا تو اٹھنے کے ساتھ ہی نوکر نے یہ خوشخبری سنائی کے حضور وہ بائیسکل آ گئی ہے۔ میں نے کہا۔ "اتنے سویرے؟"

نوکر نے کہا۔ "وہ تو رات ہی کو آ گئی تھی، آپ سو گئے تھے میں نے جگانا مناسب نہ سمجھا اور ساتھ ہی مرزا صاحب کا آدمی یہ ڈھبریاں کسنے کا ایک اوزار بھی دے گیا ہے"۔

میں حیران تو ہوا کہ مرزا صاحب نے بائیسکل بھجوا دینے میں اس قدر عجلت سے کیوں کام لیا لیکن اس نتیجے پر پہنچا کہ آدمی نہایت شریف اور دیانت دار ہیں۔ روپے لے لیے تھے تو بائیسکل کیوں روک رکھتے۔

نوکر سے کہا۔ "دیکھو یہ اوزار یہیں چھوڑ جاؤ اور دیکھو بائیسکل کو کسی کپڑے سے خوب اچھی طرح جھاڑو۔ اور یہ موڑ پر جو بائیسکلوں والا بیٹھتا ہے اس سے جا کر بائیسکل میں ڈالنے کا تیل لے آؤ اور دیکھو، اے بھاگا کہاں جا رہا ہے ہم ضروری بات تم سے کہہ رہے ہیں، بائیسکل والے سے تیل کی ایک کپی بھی لے آنا اور جہاں جہاں تیل دینے کی جگہ ہے وہاں تیل دے دینا اور بائیسکلوں والے سے کہنا کہ کوئی گھٹیا سا تیل نہ دیدے۔ جس سے تمام پرزے ہی خراب ہو

جائیں، بائیسکل کے پرزے بڑے نازک ہوتے ہیں اور بائیسکل باہر نکال رکھو، ہم ابھی کپڑے پہن کر آتے ہیں۔ ہم ذرا سیر کو جا رہے ہیں اور دیکھو صاف کر دینا اور بہت زور زور سے کپڑا بھی مت رگڑنا، بائیسکل کا پالش گھس جاتا ہے"۔

جلدی جلدی چائے پی، غسل خانے میں بڑے جوش خروش کے ساتھ "چل چل چنبیلی باغ میں" گاتا رہا اس کے بعد کپڑے بدلے، اوزار کو جیب میں ڈالا اور کمرے سے باہر نکلا۔

برآمدے میں آیا تو برآمدے کے ساتھ ہی ایک عجیب و غریب مشین پر نظر پڑی۔ ٹھیک طرح پہچان نہ سکا کہ کیا چیز ہے، نوکر سے دریافت کیا۔ "کیوں بے یہ کیا چیز ہے؟"

نوکر بولا۔ "حضور یہ بائیسکل ہے"۔

میں نے کہا۔ "بائیسکل؟ کس کی بائیسکل؟"

کہنے لگا۔ "مرزا صاحب نے بھجوائی ہے آپ کے لیے"۔

میں نے کہا۔ "اور جو بائیسکل رات کو انہوں نے بھیجی تھی وہ کہاں گئی؟"

کہنے لگا۔ "یہی تو ہے"۔

میں نے کہا۔ "کیا بکتا ہے جو بائیسکل مرزا صاحب نے کل رات کو بھیجی تھی وہ بائیسکل یہی ہے؟"

کہنے لگا۔ "جی ہاں"۔

میں نے کہا۔ "اچھا" اور پھر اسے دیکھنے لگا۔ اس کو صاف کیوں نہیں کیا؟"

"اس کو دو تین دفعہ صاف کیا ہے؟"

"تو یہ میلی کیوں ہے؟"

نوکر نے اس کا جواب دینا شاید مناسب نہ سمجھا۔

"اور تیل لایا؟"

"ہاں حضور لایا ہوں"۔

"دیا"؟

"حضور وہ تیل دینے کے چھید ہوتے ہیں وہ نہیں ملتے"۔

"کیا وجہ ہے؟"

"حضور دھُروں پر میل اور زنگ جما ہے۔ وہ سوراخ کہیں بیچ ہی میں دب دبا گئے ہیں"۔

رفتہ رفتہ میں اس چیز کے قریب آیا۔ جس کو میرا نوکر بائیسکل بتا رہا تھا۔ اس کے مختلف پرزوں پر غور کیا تو اتنا تو ثابت ہو گیا کہ یہ بائیسکل ہے لیکن مجموعی ہیئت سے یہ صاف ظاہر تھا کہ بل اور رہٹ اور چرخہ اور اس طرح کی ایجادات سے پہلے کی بنی ہوئی ہے۔ پہیے کو گھما گھما کر وہ سوراخ تلاش کیا جہاں کسی زمانے میں تیل دیا جاتا تھا۔ لیکن اب اس سوراخ میں سے آمدورفت کا سلسلہ بند تھا۔ چنانچہ نوکر بولا۔ "حضور وہ تیل تو سب ادھر اُدھر بہہ جاتا ہے۔ بیچ میں تو جاتا ہی نہیں۔"

میں نے کہا۔ "اچھا اوپر اوپر ہی ڈال دو یہ بھی مفید ہوتا ہے"۔

آخرکار بائیسکل پر سوار ہوا۔ پہلا ہی پاؤں چلایا تو ایسا معلوم ہوا جیسے کوئی مردہ اپنی ہڈیاں چٹخا چٹخا کر اپنی مرضی کے خلاف زندہ ہو رہا ہے۔ گھر سے نکلتے ہی کچھ تھوڑی سی اترائی تھی اس پر بائیسکل خودبخود چلنے لگی لیکن اس رفتار سے جیسے تارکول زمین پر بہتا ہے اور ساتھ ہی مختلف حصوں سے طرح طرح کی آوازیں برآمد ہونی شروع

ہوئی۔ ان آوازوں کے مختلف گروہ تھے۔ چیں۔ چاں۔ چوں کی قسم آوازیں زیادہ تر گدی کے نیچے اور پچھلے پہیے سے نکلتی تھیں۔ کھٹ، کھڑ کھڑ۔کھڑڑ کے قبیل کی آوازیں مڈگارڈوں سے آتی تھی۔ چر۔ چرخ۔ چرچرخ کی قسم کے سُر زنجیر اور پیڈل سے نکلتے تھے۔ زنجیر ڈھیلی ڈھیلی تھی۔ میں جب کبھی پیڈل پر زور ڈالتا تھا، زنجیر میں ایک انگڑائی سی پیدا ہوتی تھی جس سے وہ تن جاتی تھی اور چڑ چڑ بولنے لگتی تھی اور پھر ڈھیلی ہو جاتی تھی۔ پچھلا پہیہ گھومنے کے علاوہ جھومتا بھی تھا۔ یعنی ایک تو آگے کو چلتا تھا اور اس کے علاوہ دہنے سے بائیں اور بائیں سے دہنے کو بھی حرکت کرتا تھا۔ چنانچہ سڑک پر جو نشان پڑ جاتا تھا اس کو دیکھ کر ایسا معلوم ہوتا تھا جیسے کوئی مخمور سانپ لہرا کر نکل گیا ہے۔ مڈگارڈ تھے تو سہی لیکن پہیوں کے عین اوپر نہ تھے۔ ان کا فائدہ صرف یہ معلوم ہوتا تھا کہ انسان شمال کی سمت سیر کرنے کو نکلے اور آفتاب مغرب میں غروب ہو رہا ہو تو مڈگارڈوں کی بدولت ٹائر دھوپ سے بچے رہیں گے۔

اگلے پہیے کے ٹائر میں ایک بڑا سا پیوند لگا تھا جس کی وجہ سے پہیہ ہر چکر میں ایک دفعہ لمحہ بھر کو زور سے اوپر اُٹھ جاتا تھا اور میرا سر پیچھے کو یوں جھٹکے کھا رہا تھا جیسے کوئی متواتر تھوڑی کے نیچے مکے مارے جا رہا ہو۔ پچھلے اور اگلے پہیے کو ملا کر چوں چوں پھٹ۔ چوں چوں پھٹ۔۔۔ کی صدا نکل رہی تھی۔ جب اتار پر بائیسکل ذرا تیز ہوئی تو فضاء میں ایک بھونچال سا آگیا۔ اور بائیسکل کے کئی اور پرزے جو اب تک سو رہے تھے۔ بیدار ہو کر گویا ہوئے۔ ادھر اُدھر کے لوگ چونکے۔ ماؤں نے اپنے بچوں کو اپنے سینوں سے لگا لیا۔ کھڑڑ کھڑڑ کے بیچ میں پہیوں کی آواز

جدا سنائی رہی تھی لیکن چونکہ بائیسکل اب پہلے سے تیز تھی اس لیے چوں چوں پھٹ، چوں چوں پھٹ کی آواز نے اب چچوں پھٹ، چچوں پھٹ، کی صورت اختیار کر لی تھی۔ تمام بائیسکل کسی ادق افریقی زبان کی گردانیں دہرا رہی تھی۔

اس قدر تیز رفتاری بائیسکل کی طبع نازک پر گراں گزری۔ چنانچہ اس میں یک لخت دو تبدیلیاں واقع ہو گئیں۔ ایک تو ہینڈل ایک طرف کو مڑ گیا جس کا نتیجہ یہ ہوا کہ میں جاتو سامنے کو رہا تھا لیکن میرا تمام جسم دائیں طرف کو مڑا ہوا تھا۔ اس کے علاوہ بائیسکل کی گدی دفعتہً چھ انچ کے قریب نیچے بیٹھ گئی۔ چنانچہ جب پیڈل چلانے کے لیے میں ٹانگیں اوپر نیچے کر رہا تھا تو میرے گھٹنے میری تھوڑی تک پہنچ جاتے تھے۔ کمر دہری ہو کر باہر کو نکلی ہوئی تھی اور ساتھ ہی اگلے پہیے کی اٹھکیلیوں کی وجہ سے سر برابر جھٹکے کھا رہا تھا۔

گدی کا نیچا ہو جانا از حد تکلیف دہ ثابت ہوا۔ اس لیے میں نے مناسب یہی سمجھا کہ اس کو ٹھیک کر لوں۔ چنانچہ میں نے بائیسکل کو ٹھہرا لیا اور نیچے اترا۔ بائیسکل کے ٹھہر جانے سے یک لخت جیسے دنیا میں ایک خاموشی سی چھا گئی۔ ایسا معلوم ہوا جیسے میں کسی ریل کے اسٹیشن سے نکل کر باہر آگیا ہوں۔ جیب سے میں نے اوزار نکالا، گدی کو اونچا کیا، کچھ ہینڈل کو ٹھیک کیا اور دوبارہ سوار ہو گیا۔

دس قدم بھی چلنے نہ پایا تھا کہ اب کے ہینڈل یک لخت نیچا ہو گیا۔ اتنا کہ گدی اب ہینڈل سے کوئی فٹ بھر اونچی تھی۔ میرا تمام جسم آگے کو جھکا ہوا تھا، تمام بوجھ دونوں ہاتھوں پر تھا جو ہینڈل پر رکھے تھے اور برابر جھٹکے کھا رہے تھے۔ آپ میری حالت کو تصور کریں تو آپ معلوم ہو گا کہ میں دور

سے ایسا معلوم ہو رہا تھا جیسے کوئی عورت آٹا گوندھ رہی ہو۔ مجھے اس مشابہت کا احساس بہت تیز تھا جس کی وجہ سے میرے ماتھے پر پسینہ آگیا۔ میں دائیں بائیں لوگوں کو کنکھیوں سے دیکھتا جاتا تھا۔ یوں تو ہر شخص میل بھر پہلے ہی سے مڑ مڑ کر دیکھنے لگتا تھا لیکن ان میں کوئی بھی ایسا نہ تھا جس کے لیے میری مصیبت ضیافت طبع کا باعث نہ ہو۔

ہینڈل تو نیچا ہو ہی گیا تھا۔ تھوڑی دیر کے بعد گدی بھی پھر نیچی ہو گئی اور میں ہمہ تن زمین کے قریب پہنچ گیا۔ ایک لڑکے نے کہا۔ "دیکھو یہ آدمی کیا کر رہا ہے"۔ گویا اس بدتمیز کے نزدیک میں کوئی کرتب دکھا رہا تھا۔ میں نے اتر کر پھر ہینڈل اور گدی کو اونچا کیا۔

لیکن تھوڑی دیر کے بعد ان میں سے ایک نہ ایک پھر نیچا ہو جاتا۔ وہ لمحے جن کے دوران میں میرا ہاتھ اور میرا جسم دونوں ہی بلندی پر واقع ہوں بہت ہی کم تھے اور ان میں بھی میں یہی سوچتا رہتا تھا کہ اب کہ گدی پہلے بیٹھے گی یا ہینڈل؟ چنانچہ نڈر ہو کر نہ بیٹھتا بلکہ جسم کو گدی سے قدرے اوپر ہی رکھتا لیکن اس سے ہینڈل پر اتنا بوجھ پڑ جاتا کہ وہ نیچا ہو جاتا۔

جب دو میل گزر گئے اور بائیسکل کی اٹھک بیٹھک نے ایک مقرر باقاعدگی اختیار کر لی تو فیصلہ کیا کہ کسی مستری سے پیچ کسوا لینے چاہئیں چنانچہ بائیسکل کو ایک دکان پر لے گیا۔ بائیسکل کی کھڑ کھڑ سے دوکان میں جتنے لوگ کام کر رہے تھے، سب کے سب سر اٹھا کر میری طرف دیکھنے لگے لیکن میں نے جی کڑا کر کے کہا۔"ذرا اس کی مرمت کر دیجئے"۔ ایک مستری آگے بڑھا لوہے کی ایک سلاخ اس کے

ہاتھ میں تھی جس سے اس نے مختلف حصوں کو بڑی بےدردی سے ٹھوک بجا کر دیکھا۔ معلوم ہوتا تھا اس نے بڑی تیزی کے ساتھ سب حالات کا اندازہ لگا لیا ہے لیکن پھر بھی مجھ سے پوچھنے لگا۔ "کس کس پرزے کی مرمت کرائیے گا"؟

میں نے کہا۔ "بڑے گستاخ ہو تم دیکھتے نہیں کہ صرف ہینڈل اور گدی کو ذرا اونچا کروا کے کسوانا ہے بس اور کیا؟ ان کو مہربانی کر کےفوراً ٹھیک کرو اور بتاؤ کتنے پیسے ہوئے؟"

مستری نے کہا۔ "مڈگارڈ بھی ٹھیک نہ کر دوں؟"

میں نے کہا۔ "ہاں، وہ بھی ٹھیک کر دو"۔

کہنے لگا۔ " اگر آپ باقی چیزیں بھی ٹھیک کرا لیں تو اچھا ہو"۔

میں نے کہا۔ "اچھا کر دو"۔

بولا۔ "یوں تھوڑا ہو سکتا ہے۔ دس پندرہ دن کا کام ہے آپ اسے ہمارے پاس چھوڑ جائیے۔"

"اور پیسے کتنے لو گے؟"

کہنے لگا۔ "بس چالیس روپے لگیں گے"۔

ہم نے کہا۔ "بس جی جو کام تم سے کہا ہے کر دو اور باقی ہمارے معاملات میں دخل مت دو۔"

تھوڑی دیر بعد ہینڈل اور گدی پھر اونچی کر کے کس دی گئی۔ میں چلنے لگا تو مستری نے کہا میں نے کس تو دیا ہے لیکن پیچ سب گھسے ہوئے ہیں، ابھی تھوڑی دیر میں پھر ڈھیلے ہو جائیں گے۔"

میں نے کہا۔ "بدتمیز کہیں کا،تو دو آنے پیسے مفت میں لے لیے؟"

بولا۔ "جناب آپ کو بائیسکل بھی مفت میں ملی ہو گی، یہ آپ کے دوست مرزا صاحب کی ہے نا؟ للّو یہ وہی بائیسکل ہے جو پچھلے سال مرزا صاحب یہاں بیچنے کو لائے تھے۔ پہچانی تم نے؟ بھئی صدیاں ہی گزر گئیں لیکن اس بائیسکل کی خطاء معاف ہونے میں نہیں آتی۔"

میں نے کہا۔ "واہ مرزا صاحب کے لڑکے اس پر کالج آیا جایا کرتے تھے اور ان کو ابھی کالج چھوڑے دو سال بھی نہیں ہوئے۔"

مستری نے کہا۔ "ہاں وہ تو ٹھیک ہے لیکن مرزا صاحب خود جب کالج میں پڑھتے تھے تو ان کے پاس بھی تو یہی بائیسکل تھی۔"

میری طبیعت یہ سن کر کچھ مردہ سی ہو گئی۔ میں نے بائیسکل کو ساتھ لیے آہستہ آہستہ پیدل چل پڑا۔ لیکن پیدل چلنا بھی مشکل تھا۔ اس بائیسکل کے چلانے میں ایسے ایسے پٹھوں پر زور پڑتا تھا جو عام بائیسکلوں کو چلانے میں استعمال نہیں ہوتے۔ اس لیے ٹانگوں اور کندھوں اور کمر اور بازوؤں میں جا بجا درد ہو رہا تھا۔ مرزا کا خیال رہ رہ کر آتا تھا۔ لیکن میں ہر بار کوشش کر کے اسے دل سے ہٹا دیتا تھا، ورنہ میں پاگل ہو جاتا اور جنون کی حالت میں پہلے حرکت مجھ سے یہ سرزد ہوئی کہ مرزا کے مکان کے سامنے بازار میں ایک جلسہ منعقد کرتا جس میں مرزا کی مکاری، بے ایمانی اور دغا بازی پر ایک طویل تقریر کرتا۔ کل بنی نوع انسان اور آئندہ آنے والی نسلوں کی ناپاک فطرت سے آگاہ کر

دیتا اور اس کے بعد ایک چتا جلا کر اس میں زندہ جل کر مر جاتا۔

میں نے بہتر یہی سمجھا کہ جس طرح ہو سکے اب اس بائیسکل کو اونے پونے داموں میں بیچ کر جو وصول ہوا اسی پر صبر شکر کروں۔ بلا سے دس پندرہ روپیہ کا خسارہ سہی۔ چالیس کے چالیس روپے تو ضائع نہ ہوں گے۔ راستے میں بائیسکلوں کی ایک اور دکان آئی وہاں ٹھہر گیا۔

دکاندار بڑھ کر میرے پاس آیا لیکن میری زبان کو جیسے قفل لگ گیا تھا۔ عمر بھر کسی چیز کے بیچنے کی نوبت نہ آئی تھی مجھے یہ بھی معلوم نہیں کہ ایسے موقع پر کیا کہتے ہیں آخر بڑے سوچ بچار اور بڑے تامل کے بعد منہ سے صرف اتنا نکلا کہ یہ "بائیسکل" ہے۔

دکاندار کہنے لگا۔ "پھر؟"

میں نے کہا۔ "لو گے"۔

کہنے لگا۔ "کیا مطلب؟"

میں نے کہا۔ "بیچتے ہیں ہم۔"

دکاندار نے مجھے ایسے نظر سے دیکھا کہ مجھے یہ محسوس ہوا مجھ پر چوری کا شبہ کر رہا ہے۔ پھر بائیسکل کو دیکھا۔ پھر مجھے دیکھا، پھر بائیسکل کو دیکھا۔ ایسا معلوم ہوتا تھا کہ فیصلہ نہیں کر سکتا آدمی کون سا ہے اور بائیسکل کون سی ہے؟ آخرکار بولا۔ "کیا کریں گے آپ اس کو بیچ کر؟"

ایسے سوالوں کا خدا جانے کیا جواب ہوتا ہے۔ میں نے کہا۔ "کیا تم یہ پوچھنا چاہتے ہو کہ جو روپے مجھے وصول ہوں گے ان کا مصرف کیا ہو گا؟"

کہنے لگا۔ "وہ تو ٹھیک ہے مگر کوئی اس کو لے کر کرے گا کیا؟"

میں نے کہا۔ "اس پر چڑھے گا اور کیا کرے گا۔"

کہنے لگا۔ "اچھا چڑھ گیا۔ پھر؟"

میں نے کہا۔ "پھر کیا؟ پھر چلائے گا اور کیا؟"

دکاندار بولا۔ "اچھا؟ ہوں۔ خدا بخش ذرا یہاں آنا۔ یہ بائیسکل بکنے آئی ہے۔"

جن حضرت کا اسم گرامی خدا بخش تھا انہوں نے بائیسکل کو دور ہی سے یوں دیکھا جیسے بو سونگھ رہے ہوں۔ اس کے بعد دونوں نے آپس میں مشورہ کیا، آخر میں وہ جن کا نام خدا بخش نہیں تھا میرے پاس آئے اور کہنے لگے۔ "تو آپ سچ مچ بیچ رہے ہیں؟"

میں نے کہا۔ "تو اور کیا محض آپ سے ہم کلام ہونے کا فخر حاصل کرنے کے لیے میں گھر سے یہ بہانہ گھڑ کر لایا تھا؟"

کہنے لگا۔ "تو کیا لیں گے آپ؟"

میں نے کہا۔ "تم ہی بتاؤ۔"

کہنے لگا۔ "سچ مچ بتاؤں؟"

میں نے کہا۔ "اب بتاؤ گے بھی یا یوں ہی ترساتے رہو گے؟"

کہنے لگا۔ "تین روپے دوں گا اس کے۔"

میرا خون کھول اٹھا اور میرے ہاتھ پاؤں اور ہونٹ غصے کے مارے کانپنے لگے۔ میں نے کہا۔

"او صنعت و حرفت سے پیٹ پالنے والے نچلے طبقے کے انسان، مجھے اپنی توہین کی پروا نہیں لیکن تو نے اپنی بیہودہ

گفتاری سے اس بے زبان چیز کو جو صدمہ پہنچایا ہے اس کے لیے میں تجھے قیامت تک معاف نہیں کر سکتا۔"یہ کہہ کر میں بائیسکل پر سوار ہو گیا اور اندھا دھند پاؤں چلانے لگا۔

مشکل سے بیس قدم گیا ہوں گا کہ مجھے ایسا معلوم ہوا کہ جیسے زمین یک لخت اچھل کر مجھ سے آ لگی ہے۔ آسمان میرے سر پر سے ہٹ کر میری ٹانگوں کے بیچ میں سے گزر گیا اور ادھر اُدھر کی عمارتوں نے ایک دوسرے کے ساتھ اپنی اپنی جگہ بدل لی ہے۔ حواس بجا ہوئے تو معلوم ہوا میں زمین پر اس بے تکلفی سے بیٹھا ہوں، گویا بڑی مدت سے مجھے اس بات کا شوق تھا جو آج پورا ہوا۔ اردگرد کچھ لوگ جمع تھے جس میں سے اکثر ہنس رہے تھے۔ سامنے دکان تھی جہاں ابھی میں نے اپنی ناکام گفت و شنید کا سلسلہ منقطع کیا تھا۔ میں نے اپنے گرد و پیش پر غور کیا تو معلوم ہوا کہ میری بائیسکل کا اگلہ پہیہ بالکل ہو کر لڑھکتا ہوا سڑک کے اس پار جا پہنچا ہے اور باقی سائیکل میرے پاس پڑی ہے۔ میں نے فوراً اپنے آپ کو سنبھالا جو پہیہ الگ ہو گیا تھا اس کو ایک ہاتھ میں اٹھایا دوسرے ہاتھ میں باقی ماندہ بائیسکل کو تھاما اور چل کھڑا ہوا۔ یہ محض ایک اضطراری حرکت تھی ورنہ حاشا د کلا وہ بائیسکل مجھے ہرگز اتنی عزیز نہ تھی کہ میں اس کو اس حالت میں ساتھ ساتھ لیے پھرتا۔

جب میں یہ سب کچھ اٹھا کر چل دیا تو میں نے اپنے آپ سے پوچھا کہ یہ تم کیا کر رہے ہو، کہاں جا رہے ہو؟ تمہارا ارادہ کیا ہے۔ یہ دو پہیے کا ہے کو لے جا رہے ہو؟

سب سوالوں کا جواب یہی ملا کہ دیکھا جائے گا۔ فی الحال تم یہاں سے چل دو۔ سب لوگ تمہیں دیکھ رہے ہیں۔ سر اونچا رکھو اور چلتے جاؤ۔ جو ہنس رہے ہیں، انہیں ہنسنے دو، اس

قسم کے بیہودہ لوگ ہر قوم اور ہر ملک میں پائے جاتے ہیں۔ آخر ہوا کیا۔ محض ایک حادثہ۔ بس دائیں بائیں مت دیکھو۔ چلتے جاؤ۔

لوگوں کے ناشائستہ کلمات بھی سنائی دے رہے تھے۔ ایک آواز آئی۔ "بس حضرت غصہ تھوک ڈالئے۔" ایک دوسرے صاحب بولے۔ "بےحیا بائیسکل گھر پہنچ کے تجھے مزا چکھاؤں گا۔" ایک والد اپنے لخت جگر کی انگلی پکڑے جا رہے تھے۔ میری طرف اشارا کر کے کہنے لگے۔ "دیکھا بیٹا یہ سرکس کی بائیسکل ہے۔ اس کے دونوں پہیے الگ الگ ہوتے ہیں۔"

لیکن میں چلتا گیا۔ تھوڑی دیر کے بعد میں آبادی سے دور نکل گیا۔ اب میری رفتار میں ایک عزیمت پائی جاتی تھی۔ میرا دل جو کئی گھنٹوں سے کشمکش میں پیچ و تاب کھا رہا تھا اب بہت ہلکا ہو گیا تھا۔ میں چلتا گیا چلتا گیا حتیٰ کہ دریا پر جا پہنچا۔ پل کے اوپر کھڑے ہو کر میں نے دونوں پہیوں کو ایک ایک کر کے اس بے پروائی کے ساتھ دریا میں پھینک دیا جیسے کوئی لیٹر بکس میں خط ڈالتا ہے۔ اور واپس شہر کو روانہ ہو گیا۔

سب سے پہلے مرزا کے گھر گیا۔ دروازہ کھٹکھٹایا۔ مرزا بولے۔ "اندر آ جاؤ"۔

میں نے کہا۔ آپ ذرا باہر تشریف لائیے۔ میں آپ جیسے خدا رسیدہ بزرگ کے گھر وضو کیے بغیر کیسے داخل ہو سکتا ہوں۔"

باہر تشریف لائے تو میں نے وہ اوزار ان کی خدمت میں پیش کیا جو انہوں نے بائیسکل کے ساتھ مفت ہی مجھ کو عنایت فرمایا تھا اور کہا:

"مرزا صاحب آپ ہی اس اوزار سے شوق فرمایا کیجیے میں اب سے بے نیاز ہو چکا ہوں۔"

گھر پہنچ کر میں نے پھر علم کیمیا کی اس کتاب کا مطالعہ شروع کیا جو میں نے ایف۔اے میں پڑھی تھی۔

لاہور کا جغرافیہ

تمہید

تمہید کے طور پر صرف اتنا عرض کرنا چاہتا ہوں کہ لاہور کو دریافت ہوئے اب بہت عرصہ گزر چکا ہے، اس لیے دلائل و براہین سے اس کے وجود کو ثابت کرنے کی ضرورت نہیں۔ یہ کہنے کی اب ضرور نہیں کہ کُرے کو دائیں سے بائیں گھمائیے۔ حتیٰ کہ ہندوستان کا ملک آپ کے سامنے آ کر ٹھہر جائے پھر فلاں طول البلد اور فلاں عرض البلد کے مقام انقطاع پر لاہور کا نام تلاش کیجئے۔ جہاں یہ نام کُرے پر مرقوم ہو، وہی لاہور کا محل وقوع ہے۔ اس ساری تحقیقات کو مختصر مگر جامع الفاظ میں بزرگ یوں بیان کرتے ہیں کہ لاہور، لاہور ہی ہے، اگر اس پتے سے آپ کو لاہور نہیں مل سکتا، تو آپ کی تعلیم ناقص اور آپ کی دہانت فاتر ہے۔

محل وقوع

ایک دو غلط فہمیاں البتہ ضرور رفع کرنا چاہتا ہوں۔ لاہور پنجاب میں واقع ہے۔ لیکن پنجاب اب پنج آب نہیں رہا۔ اس پانچ دریاؤں کی سرزمین میں اب صرف چار دریا بہتے ہیں۔ اور جو نصف دریا ہے، وہ تو اب بہنے کے قابل بھی نہیں رہا۔ اسی کو اصطلاح میں راوی ضعیف کہتے ہیں۔ ملنے کا پتہ یہ

ہے کہ شہر کے قریب دو پل بنے ہیں۔ ان کے نیچے ریت میں دریا لیٹا رہتا ہے۔ بہنے کا شغل عرصے سے بند ہے، اس لیے یہ بتانا بھی مشکل ہے کہ شہر دریا کے دائیں کنارے پر واقع ہے یا بائیں کنارے پر۔ لاہور تک پہنچنے کے کئی رستے ہیں۔ لیکن دو ان میں سے بہت مشہور ہیں۔ ایک پشاور سے آتا ہے اور دوسرا دہلی سے۔ وسط ایشیا کے حملہ آور پشاور کے راستے اور یو۔پی کے رستے وارد ہوتے ہیں۔ اول الذکر اہل سیف کہلاتے ہیں اور غزنوی یا غوری تخلص کرتے ہیں مؤخر الذکر اہل زبان کہلاتے ہیں۔ یہ بھی تخلص کرتے ہیں، اور اس میں ید طولیٰ رکھتے ہیں۔

حدود اربعہ

کہتے ہیں، کسی زمانے میں لاہور کا حدود اربعہ بھی ہوا کرتا تھا، لیکن طلباء کی سہولت کے لیے میونسپلٹی نے اس کو منسوخ کر دیا ہے۔ اب لاہور کے چاروں طرف بھی لاہور ہی واقعہ ہے۔ اور روزبروز واقع تر ہو رہا ہے۔ ماہرین کا اندازہ ہے، کہ دس بیس سال کے اندر لاہور ایک صوبے کا نام ہو گا۔ جس کا دار الخلافہ پنجاب ہو گا۔ یوں سمجھئے کہ لاہور ایک جسم ہے، جس کے ہر حصے پر ورم نمودار ہو رہا ہے، لیکن ہر ورم مواد فاسد سے بھرا ہے۔ گویا یہ توسیع ایک عارضہ ہے۔ جو اس کے جسم کو لاحق ہے۔

آب و ہوا

لاہور کی آب و ہوا کے متعلق طرح طرح کی روایات مشہور ہیں، جو تقریباً سب کی سب غلط ہیں، حقیقت یہ ہے کہ لاہور کے باشندوں نے حال ہی میں یہ خواہش ظاہر کی ہے کہ اور شہروں کی طرح ہمیں بھی آب و ہوا دی جائے، میونسپلٹی بڑی بحث و تمحیص کے بعد اس نتیجہ پر پہنچی کہ اس ترقی کے دور میں جبکہ دنیا میں کئی ممالک کو ہوم رول مل رہا ہے اور لوگوں میں بیداری کے آثار پیدا ہو رہے ہیں، اہل لاہور کی یہ خواہش ناجائز نہیں۔ بلکہ ہمدردانہ غور و خوض کی مستحق ہے۔

لیکن بدقسمتی سے کمیٹی کے پاس ہوا کی قلت تھی، اس لیے لوگوں کو ہدایت کی گئی کہ مفاد عامہ کے پیش نظر اہل شہر ہوا کا بیجا استعمال نہ کریں، بلکہ جہاں تک ہو سکے کفایت شعاری سے کام لیں۔ چنانچہ اب لاہور میں عام ضروریات کے لیے ہوا کے بجائے گرد اور خاص خاص حالات میں دھواں استعمال کیا جاتا ہے۔ کمیٹی نے جا بجا دھوئیں اور گرد کے مہیا کرنے لیے مرکز کھول دئے ہیں۔ جہاں یہ مرکبات مفت تقسیم کئے جاتے ہیں۔ امید کی جاتی ہے، کہ اس سے نہایت تسلی بخش نتائج برآمد ہوں گے۔

بہم رسائی آب کے لیے ایک ا سکیم عرصے سے کمیٹی کے زیر غور ہے۔ یہ ا سکیم نظام سقے کے وقت سے چلی آتی ہے لیکن مصیبت یہ ہے کہ نظام سقے کے اپنے ہاتھ کے لکھئے ہوئے اہم مسودات بعض تو تلف ہو چکے ہیں اور جو باقی ہیں ان کے پڑھنے میں بہت دقت پیش آ رہی ہے اس لیے ممکن ہے تحقیق و تدقیق میں چند سال اور لگ جائیں، عارضی طور پر پانی کا یہ انتظام کیا گیا ہے کہ فی الحال بارش کے پانی کو

حتی الوسع شہر سے باہر نکلنے نہیں دیتے۔ اس میں کمیٹی کو بہت کامیابی حاصل ہوئی ہے۔ امید کی جاتی ہے کہ تھوڑے ہی عرصے میں ہر محلے کا اپنا ایک دریا ہو گا جس میں رفتہ رفتہ مچھلیاں پیدا ہوں گی اور ہر مچھلی کے پیٹ میں کمیٹی کی ایک انگوٹھی ہو گی جو رائے دہندگی کے موقع پر ہر رائے دہندہ پہن کر آئے گا۔

نظام سقے کے مسودات سے اس قدر ضرور ثابت ہوا ہے کہ پانی پہنچانے کے لیے نل ضروری ہیں چنانچہ کمیٹی نے کروڑوں روپے خرچ کر کے جا بجا نل لگوا دئے ہیں۔ فی الحال ان میں ہائیڈروجن اور آکیسجن بھری ہے۔ لیکن ماہرین کی رائے ہے کہ ایک نہ ایک دن یہ گیسیں ضرور مل کر پانی بن جائیں گی۔ چنانچہ بعض بعض نلوں میں اب بھی چند قطرے روزانہ ٹپکتے ہیں۔ اہل شہر کو ہدایت کی گئی ہے، کہ اپنے اپنے گھڑے نلوں کے نیچے رکھ چھوڑیں تاکہ عین وقت پر تاخیر کی وجہ سے کسی کو دل شکنی نہ ہو، شہر کے لوگ اس پر بہت خوشیاں منا رہے ہیں۔

ذرائع امد و رفت

جو سیاح لاہور تشریف لانے کا ارادہ رکھے ہوں، ان کو یہاں کے ذرائع آمدورفت کے متعلق چند ضروری باتیں ذہن نشین کر لینی چاہئیں۔ تاکہ وہ یہاں کی سیاحت سے کماحقہ اثرپذیر ہو سکیں۔ جو سڑک بل کھاتی ہوئی لاہور کے بازاروں میں سے گزرتی ہے، تاریخی اعتبار سے بہت اہم ہے۔ یہ وہی سڑک ہے جسے شیر شاہ سوری نے بنایا تھا۔ یہ آثار قدیمہ میں شمار

ہوتی ہے اور بے حد احترام کی نظروں سے دیکھی جاتی ہے۔ چنانچہ اس میں کسی قسم کا رد و بدل گوارا نہیں کیا جاتا۔ وہ قدیم تاریخی گھڑے اور خندقیں جوں کی توں موجود ہیں۔ جنہیں نے کئی سلطنتوں کے تختے اُلٹ دئے تھے۔ آج کل بھی کئی لوگوں کے تختے یہاں اُلٹتے ہیں۔ اور عظمت رفتہ کی یاد دلا کر انسان کو عبرت سکھاتے ہیں۔

بعض لوگ زیادہ عبرت پکڑنے کے لیے ان تختوں کے نیچے کہیں کہیں دو ایک پہیے لگا لیتے ہیں۔ اور سامنے دو ہک لگا کر ان میں ایک گھوڑا ٹانگ دیتے ہیں۔ اصطلاح میں اس کو تانگہ کہتے ہیں۔ شوقین لوگ اس تختہ پر موم جامہ منڈھ لیتے ہیں تاکہ پھسلنے میں سہولت ہو اور بہت زیادہ عبرت پکڑی جائے۔

اصلی اور خالص گھوڑے لاہور میں خوراک کے کام آتے ہیں۔ قصابوں کی دوکانوں پر ان ہی کا گوشت بکتا ہے۔ اور زین کس کو کھایا جاتا ہے۔ تانگوں میں ان کی بجائے بناسپتی گھوڑے استعمال کئے جاتے ہیں۔ بناسپتی گھوڑا شکل و صورت میں دم دار تارے سے ملتا ہے۔ کیونکہ اس گھوڑے کی ساخت میں دم زیادہ اور گھوڑا کم پایا جاتا ہے، حرکت کرتے وقت اپنی دم کو دبا لیتا ہے۔ اور اس ضبط نفس سے اپنی رفتار میں ایک سنجیدہ اعتدال پیدا کرتا ہے۔ تاکہ سڑک کا ہر تاریخی گڑھا اور تانگے کا ہر ہچکولا اپنا نقش آپ پر ثبت کرتا جائے اور آپ کا ہر ایک مسام لطف اندوز ہو سکے۔

قابل دید مقامات

لاہور میں قابل دید مقامات مشکل سے ملتے ہیں۔ اس کی وجہ یہ ہے کہ لاہور میں ہر عمارت کی بیرونی دیواریں دہری بنائی جاتی ہیں۔ پہلے اینٹوں اور چونے سے دیوار کھڑی کرتے ہیں اور پھر اس پر اشتہاروں کا پلستر کر دیا جاتا ہے، جو دبازت میں رفتہ رفتہ بڑھتا جاتا ہے۔ شروع شروع میں چھوٹے سائز کے مبہم اور غیر معروف اشتہارات چپکائے جاتے ہیں۔ مثلاً "اہل لاہور کو مژدہ" "اچھا اور سستا مال" اس کے بعد ان اشتہاروں کی باری آتی ہے، جن کے مخاطب اہل علم اور سخن فہم لوگ ہوتے ہیں مثلاً "گریجویٹ درزی ہاؤس" یا "اسٹوڈنٹوں کے لیے نادر موقع"، یا "کہتی ہے ہم کو خلق خدا غائبانہ کیا۔" رفتہ رفتہ گھر کی چار دیواری ایک مکمل ڈائرکٹری کی صورت اختیار کر لیتی ہے۔ دروازے کے اوپر بوٹ پالش کا اشتہار ہے۔ دائیں طرف تازہ مکھن ملنے کا پتہ درج ہے۔ بائیں طرف حافظ کی گولیوں کا بیان ہے۔ اس کھڑکی کے اوپر انجمن خدام ملت کے جلسے کا پروگرام چسپاں ہے۔ اُس کھڑکی پر کسی مشہور لیڈر کے خانگی حالت بالوضاحت بیان کر دئے ہیں۔ عقبی دیوار پر سرکس کے تمام جانوروں کی فہرست ہے اور اصطبل کے دروازے پر مس نغمہ جان کی تصویر اور ان کی فلم کے محاسن گنوا رکھے ہیں۔ یہ اشتہارات بڑی سرعت سے بدلتے رہتے ہیں اور ہر نیا مژدہ اور ہر نئی دریافت یا ایجاد یا انقلاب عظیم کی ابتلا چشم زدن میں ہر ساکن چیز پر لیپ دی جاتی ہے۔ اس لیے عمارتوں کی ظاہری صورت ہر لمحہ بدلتی رہتی ہے اور ان کے پہچاننے میں خود شہر کے لوگوں کو بہت دقت پیش آتی ہے۔

لیکن جب سے لاہور میں دستور رائج ہوا ہے کہ بعض اشتہاری کلمات پختہ سیاہی سے خود دیوار پر نقش کر دئے جاتے ہیں۔ یہ دقت بہت حد تک رفع ہو گئی ہے، ان دائمی

اشتہاروں کی بدولت اب یہ خدشہ نہیں رہا کہ کوئی شخص اپنا یا اپنے کسی دوست کا مکان صرف اس لیے بھول جائے کہ پچھلی مرتبہ وہاں چارپائیوں کا اشتہار لگا ہوا تھا اور لوٹتے تک وہاں اہالیان لاہور کو تازہ اور سستے جوتوں کا مژدہ سنایا جا رہا ہے۔ چنانچہ اب وثوق سے کہا جا سکتا ہے کہ جہاں بحروف جلی "محمد علی دندان ساز" لکھا ہے وہ اخبار انقلاب کا دفتر ہے۔ جہاں "بجلی پانی بھاپ کا بڑا ہسپتال" لکھا ہے، وہاں ڈاکٹر اقبال رہتے ہیں۔ "خالص گھی کی مٹھائی" امتیاز علی تاج کا مکان ہے۔ "کرشنا بیوٹی کریم" شالامار باغ کو، اور "کھانسی کا مجرب نسخہ" جہانگیر کے مقبرے کو جاتا ہے۔

صنعت و حرفت

اشتہاروں کے علاوہ لاہور کی سب سے بڑی صنعت رسالہ بازی اور سب سے بڑی حرفت انجمن سازی ہے۔ ہر رسالے کا ہر نمبر عموماً خاص نمبر ہوتا ہے۔ اور عام نمبر صرف خاص خاص موقعوں پر شائع کئے جاتے ہیں۔ عام نمبر میں صرف ایڈیٹر کی تصویر اور خاص نمبروں میں مس سلوچنا اور مس کجن کی تصاویر بھی دی جاتی ہے۔ اس سے ادب کو بہت فروغ نصیب ہوتا ہے اور فن تنقید ترقی کرتا ہے۔

لاہور کے ہر مربع انچ میں ایک انجمن موجود ہے۔ پریذیڈنٹ البتہ تھوڑے ہیں اس لیے فی الحال صرف دو تین اصحاب ہی یہ اہم فرض ادا کر رہے ہیں چونکہ انجمنوں کے اغراض و مقاصد مختلف ہیں اس لیے بسا اوقات ایک ہی صدر صبح کسی

مذہبی کانفرنس کا افتتاح کرتا ہے۔ سہ پہر کو کسی سینما کی انجمن میں مس نغمہ جان کا تعارف کراتا ہے اور شام کو کسی کرکٹ ٹیم کے ڈنر میں شامل ہوتا ہے۔ اس سے ان کا مطمح نظر وسیع رہتا ہے۔ تقریر عام طور پر ایسی ہوتی ہے جو تینوں موقعوں پر کام آ سکتی ہے۔ چنانچہ سامعین کو بہت سہولت رہتی ہے۔

پیداوار

لاہور کی سب سے مشہور پیداوار یہاں کے طلباء ہیں جو بہت کثرت سے پائے جاتے ہیں اور ہزاروں کی تعداد میں دساور کو بھیجے جاتے ہیں۔ فصل شروع سرما میں بوئی جاتی ہے۔ اور عموماً اواخر بہار میں پک کر تیار ہوتی ہے۔

طلباء کی کئی قسمیں ہیں جن میں سے چند مشہور ہیں، قسم اولی جمالی کہلاتی ہے، یہ طلباء عام طور پر پہلے درزیوں کے ہاں تیار ہوتے ہیں بعد ازاں دھوبی اور پھر نائی کے پاس بھیجے جاتے ہیں۔ اور اس عمل کے بعد کسی ریستوران میں ان کی نمائش کی جاتی ہے۔ غروب آفتاب کے بعد کسی سینما یا سینما کے گرد و نواح میں:

رخ روشن کے آگے شمع رکھ کر وہ یہ کہتے ہیں

ادھر جاتا ہے دیکھیں یا اُدھر پروانہ آتا ہے

شمعیں کئی ہوتی ہیں، لیکن سب کی تصاویر ایک البم میں جمع کر کے اپنے پاس رکھ چھوڑتے ہیں، اور تعطیلات میں ایک ایک کو خط لکھتے رہتے ہیں۔ دوسری قسم جلالی طلباء کی ہے۔ ان کا شجرہ جلال الدین اکبر سے ملتا ہے، اس لیے ہندوستان کا تخت و تاج ان کی ملکیت سمجھا جاتا ہے۔ شام کے وقت چند مصاحبوں کو ساتھ لیے نکلتے ہیں اور جود و سخا کے خم لنڈھاتے پھرتے ہیں۔ کالج کی خوراک انہیں راس نہیں آتی اس لیے ہوسٹل میں فروکش نہیں ہوتے۔ تیسری قسم خیالی طلباء کی ہے۔ یہ اکثر روپ اور اخلاق اور آواگون اور جمہوریت پر با آواز بلند تبادلہ، خیالات کرتے پائے جاتے ہیں اور آفرینش اور نفسیات جنسی کے متعلق نئے نئے نظرئیے

پیش کرتے رہتے ہیں، صحت جسمانی کو ارتقائے انسانی کے لیے ضروری سمجھتے ہیں۔ اس لیے علی الصبح پانچ چھ ڈنڑ پیلتے ہیں، اور شام کو ہاسٹل کی چھت پر گہری سانس لیتے ہیں، گاتے ضرور ہیں، لیکن اکثر بےسرے ہوتے ہیں۔ چوتھی قسم خالی طلباء کی ہے۔ یہ طلباء کی خالص ترین قسم ہے۔ ان کا دامن کسی قسم کی آلائش سے تر ہونے نہیں پاتا۔ کتابیں، امتحانات، مطالعہ اور اس قسم کے خرخشے کبھی ان کی زندگی میں خلل انداز نہیں ہوتے۔ جس معصومیت کو ساتھ لے کر کالج میں پہنچتے تھے، اسے آخر تک ملوث ہونے نہیں دیتے اور تعلیم اور نصاب اور درس کے ہنگاموں میں اس طرح زندگی بسر کرتے ہیں جس طرح بتیس دانتوں میں زبان رہتی ہے۔

پچھلے چند سالوں سے طلباء کی ایک اور قسم بھی دکھائی دینے لگی ہے، لیکن ان کو اچھی طرح سے دیکھنے کے لیے محدب شیشے کا استعمال ضروری ہے، یہ وہ لوگ ہیں جنہیں ریل کا ٹکٹ نصف قیمت پر ملتا ہے اور اگر چاہیں تو اپنی انا کے ساتھ زنانے ڈبے میں بھی سفر کر سکتے ہیں۔ ان کی وجہ سے اب یونیورسٹی نے کالجوں پر شرط عائد کر دی ہے کہ آئندہ صرف وہی لوگ پروفیسر مقرر کئے جائیں جو دودھ پلانے والے جانوروں میں سے ہوں۔

طبعی حالات

لاہور کے لوگ بہت خوش طبع ہیں۔

سوالات

لاہور تمہیں کیوں پسند ہے؟ مفصل لکھو۔

لاہور کس نے دریافت کیا اور کیوں؟ اس کے لیے سزا بھی تجویز کرو۔

میونسپل کمیٹی کی شان میں ایک قصیدہ مدحیہ لکھو۔

ٹائپنگ: رضوان، پروف ریڈنگ مہوش علی، اعجاز عبید

تدوین اور ای بک: اعجاز عبید

****